100 pensamientos por un mundo mejor

100 pensamientos por un mundo mejor

Selección de textos
de Manuel Mª Bru

CADENA 100
TUS Nº1 DE AYER Y DE HOY
ESPASA

ESPASA

Este libro está basado en los «Cien pensamientos por un mundo mejor» que emite Cadena 100

Selección y redacción de textos: Manuel Mª Bru Alonso

Diseño de cubierta e interior: El golpe. Cultura de entorno.

Depósito Legal: B.46.491-2008
ISBN: 978-84-670-2997-0

Espasa, en su deseo de mejorar sus publicaciones, agradecerá cualquier sugerencia que los lectores hagan al departamento editorial por correo electrónico: sugerencias@espasa.es

Impreso en España/Printed in Spain
Impresión: Cayfosa (Impresia Ibérica)

Editorial Espasa Calpe, S.A.
Vía de las Dos Castillas, 33
Complejo Ática - Edificio 4
28224 Pozuelo de Alarcón (Madrid)

Índice

Cien pensamientos por un mundo mejor

Cuando el oyente de una emisora musical como Cadena 100 oye a Eros Ramazzoti y a Ricky Martin cantar juntos «sus ganas de cambiar la realidad», y que las dudas no les detendrán en una idea de libertad que no tiene fronteras; o a Celtas Cortos confesar que «solo recuerdo lo bueno», porque «de las batallas perdidas sale un ganador», y «de las batallas ganadas sale un perdedor»; o lamentarse a Nena Daconte de que «tenía tanto amor guardado para ti»; o a Luz Casal reconocer las veces —¿quién no las ha vivido?— en las que en la relación con el otro «sale lo peor de mí»; o cantando una fe que exclama «tu aliento me llevó al abrigo del mal, lejos de la traición, de tanta falsedad»; o a Juanes compartir como «olvidamos que el amor es más fuerte que el dolor», y pedirle todos los días a Dios «que si me muero sea de amor y se me enamoro sea de vos»; o a Maná proclamar «bendito Dios por encontrarnos en el camino»; o a Soraya rogar al cielo «que haga llover gotas de perdón, para ayudarnos a olvidar y lavar el corazón», y que ilumine el camino porque «nos hemos perdido y es hora de regresar»..., este «escuchador» de música está dejando que del corazón salgan a flote sus mejores anhelos y confianzas, sus más firmes convicciones, sus recuerdos más cruciales, y el valor de su libertad, de su fe, de su humildad, de su búsqueda de verdad y justicia, y de su capacidad de perdonar, y volver a empezar a querer y a darse.

Y si entre canción y canción, junto a programas que animan a emprender el reto de cada el día con alegría y con generosidad, escucha breves pensamientos de autores que con ellos nos han dejado el legado literario de un gusto por lo bueno, lo verdadero y lo bello, el servicio que una emisora así puede hacerle para despertar y acompañar lo mejor de sí mismo, es una apuesta cultural y comunicativa que no tiene desperdicio. Por eso, la publicación de estos Cien pensamientos por un mundo mejor, que recorren las ondas radiofónicas día a día, tiene el valor de poner de moda precisamente eso, el valor, o mejor dicho, los valores. Esos valores que, como muy acertadamente decía José Ortega y Gasset en su *Introducción a una estimativa,* no son meras

«cosas agradables», ni tampoco «cosas deseadas o deseables», sino algo mucho más real. Los valores —decía— «son algo objetivo y no subjetivo». Y aunque hay que «distinguir los valores de las cosas que valen», porque el valor no es nunca una cosa, «sino que es tenido por ella», los valores son cualidades de las cosas, y su conocimiento «es absoluto».
Esos valores que, como explica Alfonso López Quintás, «se muestran a quien participa en ellos» a través de «un poema, una obra musical, la vida de una persona, una institución», de tal suerte que «sabe que su valor es algo distinto de él e íntimo a la vez», y advierte que esa realidad se convierte en el impulso último de su actividad, en cierto sentido se identifica con ella, pero ella le desborda, es distinta de él. Por eso siente ante ella un «profundo respeto y sobrecogimiento».
Esos valores que, expresados en «unas pocas palabras verdaderas», en acertadísima descripción de Olegario González de Cardedal, son palabras que «arrastran más caudales de agua viva que muchas otras, encenagadas y

deshuesadas». Y ya que «nos ayuda más la exhortación que la demostración, la esperanza que la evidencia; las palabras que nos abren un futuro con anchura de horizontes más que las que nos muestran lo evidente», no podemos por menos que «adherirnos no a quien nos vence humillándonos, sino a quien nos convence como personas», y «seguimos a quien nos ofrece confianza personal» e «imitamos a quien nos parece admirable y con gratuidad y humildad nos da que pensar, esperar y amar».

De algunos de estos valores reales, que viven en las personas y en sus decisiones, en sus actitudes y en sus actuaciones en la vida, nos vamos a deleitar al recorrer este centenar de «pensamientos por un mundo mejor», no para quedarnos en la nube de su ingeniosa y sugerente inteligencia de las cosas, sino para dejar que, como las mejores canciones de nuestra vida, «de ayer y de hoy», despierten en nosotros el gusto por lo que cimienta, no sin esfuerzo y sin dolor, un modo de vivir que, por su verdad y bondad, ponga en alza los valores que no pasan.

Libertad

y Justicia

Libertad y Justicia

«Nosotros hemos tenido la oportunidad de conocer al hombre quizá mejor que ninguna otra generación. ¿Qué es, en realidad, el hombre? El ser que siempre decide lo que es. Es el ser que ha inventado las cámaras de gas, pero asimismo es el ser que ha entrado en ellas con paso firme musitando una oración». Si tuviera que elegir un personaje de nuestro tiempo que nos haya dejado el legado de la libertad y la justicia, elegiría a Victor Frankl, el prisionero 119.104 de Auschwitz que descubrió que el hombre puede ser justo y libre hasta en un campo de concentración. Dostoyevski dijo en una ocasión: «Solo temo una cosa: no ser digno de mis sufrimientos». Y Victor Frankl dijo de sus compañeros que «fueron dignos de sus sufrimientos y la forma en que los soportaron fue un logro interior genuino. Es esta libertad espiritual, que no se nos puede arrebatar, lo que hace que la vida tenga sentido y propósito».

Pero también quiero recordar a Alirio, campesino colombiano de treinta años que se ha hecho a sí mismo. Arriesgando su vida, decidió una mañana dejar de cultivar coca porque bien sabía que, a pesar de lo que le decían los mediadores del narcotráfico, lo que cultivaba no era para medicinas. Lo deja todo a cambio de su libertad interior, y en otro lugar emprende una nueva vida, amenazado para siempre, pero sin volver la vista atrás. Tal vez Alirio no pueda por la noche cerrar los dos ojos a la vez. Tal vez la sombra de los verdugos le acompañe siempre. Y tal vez en muchas de esas noches de insomnio las lágrimas recorrerán su tez morena. Pero ya no serán las lágrimas de cuando sabía que su trabajo próspero era fuente de desgracia y de muerte. Porque con su valiente decisión, ha levantado un monumento a la libertad y a la justicia: liberándose a si mismo, se puso del lado de la justicia.

Para pensar

La libertad exterior es frágil, y no está en nuestras manos. Pero la libertad interior nadie nos la puede quitar si a ella nos abrazamos hasta el punto de estar dispuestos a dar por ella la vida.

Para actuar

Si no queremos que nos falte la libertad, no solo hay que cuidarse de quienes quieren oprimirnos, sino también de la propia desidia que nos convierte en esclavos.

Para soñar

Con un puñado de hombres libres se construye una ciudad de libertad. A una sociedad alienada nada le sirve una ley de libertad.

1

Las cadenas de la esclavitud solamente atan las manos: es la mente lo que hace al hombre libre o esclavo.

Franz Grillparzer

Para pensar

La libertad no es una disposición, sino un don incomparable que ha de ser custodiado permanentemente si no queremos despreciar nuestra dignidad.

Para actuar

Si estamos atados a las riquezas materiales, la fama o el saber, habremos cambiado por ellos el don primigenio de la libertad. Las Tentaciones de Jesús en el desierto (Mt, 4, 1ss) son el paradigma permanente de las tentaciones contra la libertad. Y su respuesta, el modelo supremo de la insobornabilidad de la libertad.

Para soñar

La historia humana debería ser, como la historia de cada hombre, la historia de una conquista de la libertad.

2

La libertad, Sancho, es uno de los más preciosos dones que a los hombres dieron los cielos; con ella no pueden igualarse los tesoros que encierran la tierra y el mar: por la libertad, así como por la honra, se puede y debe aventurar la vida.

Miguel de Cervantes

Para pensar

Un hombre libre y un pueblo libre son invencibles. No solo porque gozarán eternamente de su libertad aunque se les arrebate la vida, sino porque su memoria será semilla de libertad para otros allí donde no claudicaron ni se doblegaron.

Para actuar

No hay que temer por la debilidad ante el poderoso, sino a la seducción de la sumisión. Es más difícil y más incómodo ser libre que esclavo.

Para soñar

No son las armas ni el equilibrio disuasorio de sus fuerzas contrapuestas los garantes del tiempo de la paz, sino la proliferación de hombres armados de amor a la libertad.

3

Es más fácil apoderarse del comandante en jefe de un ejército que despojar a un miserable de su libertad.

Confucio

Para pensar

La libertad «de» actuar (libertad exterior) es inútil sin la libertad «desde» principios éticos, «para» un fin loable, y sin la libertad «ante» o responsabilidad (ante Dios, la propia conciencia, los demás...).

Para actuar

No te reconocerás libre si decides al compás de la mera apetencia o del discurrir del azar, si no lo haces en conciencia, buscando el bien.

Para soñar

La ciudad más libre no es la más libertaria, sin ley y sin justicia, sino la más liberada, primero de la injusticia, y como consecuencia, del temor a la justicia.

4 *La libertad no consiste en hacer lo que se quiere, sino en hacer lo que se debe.*

Ramón de Campoamor

Para pensar

La libertad, como la felicidad, nunca se conquistan individualmente: solo procurándolas los unos para los otros las podemos disfrutar.

Para actuar

Elige el camino fácil y directo para conquistar la libertad personal, incluso la difícil libertad interior, procurando y defendiendo la libertad de los demás.

Para soñar

Si hoy nos avergonzamos de una historia manchada de siglos de permisividad ante la esclavitud, habrá un día en que nos avergoncemos del tiempo presente marcado por la conformidad ante el engaño de la cultura de la muerte. Ese día seremos más libres.

5 *Dando libertad a los esclavos la aseguramos a los libres.*

Abraham Lincoln

Para pensar

No pueden, por sí solos, los adelantos científicos y técnicos hacernos progresar, sino solo un progreso moral compartido, en un cada vez más compartido ejercicio responsable de la libertad.

Para actuar

Promover y defender la libertad de otro —de vivir, de amar, de creer, de pensar, de comunicar, de trabajar, etc.— es promover y defender un futuro mejor no solo suyo, sino de todos los hombres.

Para soñar

Un mundo más justo, más prospero, más pacífico, solo es posible si cada uno de los que en él viven reconocen y respetan más la dignidad de los demás, y son a su vez más respetados en su propia dignidad. Es decir, si son todos más libres.

6

La raza humana se encuentra en la mejor situación cuando posee el más alto grado de libertad.

Dante Alighieri

Para pensar

La libertad, propia y ajena, no es una prótesis que se pone y se quita, sino una delicada y frágil cualidad, que puede, gradualmente, ser más o menos amada o despreciada, más o menos cuidada o postergada, más o menos defendida o entregada.

Para actuar

No deberíamos ser menos escrupulosos en la defensa de la libertad, sobre todo de la de los demás, cuando aparentemente no estamos bajo un yugo externo evidente, que cuando este llega y nos amenaza.

Para soñar

No alcanzarían los pueblos cuotas altas de autocracia y dominación, ni se envalentonarían los aprendices de tiranos, si no fuera por los brotes primero pequeños y puntuales y luego crecientes y pujantes de corrupción y de avasallamiento.

7

Los mayores enemigos de la libertad no son aquellos que la oprimen, sino los que la ensucian.

Vincenzo Gioberti

Para pensar

El misterio del mal y el misterio de la libertad son inseparables. Sin la libertad no habría mal, pero sin la libertad tampoco habría bien, y sobre todo, tampoco habría posibilidad de cambiar el mal por el bien.

Para actuar

«Él fue quien al principio hizo al hombre, y le dejó en manos de su propio albedrío» (Eclesiastés, 15,14). En lugar de lamentarnos por el mal, dudar de Dios por su existencia, o incluso culparle por nuestra aparente impotencia, deberíamos aliarnos a él para combatir —dentro y fuera de nosotros— el mal con la fuerza invencible de la libertad.

Para soñar

Un mundo feliz sin apariencia de mal sería perverso, pues no sería libre. Un mundo que lucha día a día contra el mal es posible, si cada vez que libremente cae, libremente se levanta y avanza en su camino de libertad hacia el Dios que le dio esa libertad.

8

Nada malo fue hecho por Dios, fuimos nosotros los que produjimos la maldad. Pero los que la produjimos somos también capaces de rechazarla.

Taciano

Para pensar

A la postre, las pasiones, es decir, las perturbaciones del obrar por egoísmo o por debilidad, son la raíz de la dejación de la libertad. Y no hay déspota que queriéndonos robar la libertad exterior de actuar, no quiera, pervirtiéndonos, arrebatar de nosotros la libertad interior de actuar.

Para actuar

La libertad es una meta que se alcanza solo cuando se recorre con esfuerzo el camino que a ella lleva, un camino lleno de obstáculos y de engaños que hay que superar. Sin este ejercicio espiritual del dominio de uno mismo no se consigue la libertad.

Para soñar

Si queremos cambiar el mundo, y no podemos; si queremos cambiar nuestro alrededor, y no podemos; empecemos por cambiar nosotros, y en la medida en que vivamos en esa libertad seremos capaces de aportar algo de mejora para la sociedad.

9

¿Quién es libre? Solo el que sabe dominar sus pasiones.

Quinto Horacio Flaco

Para pensar

Para empezar a entender algo sobre nosotros mismos y el sentido de nuestra vida hay que empezar por dos constataciones tan inquietantes como alentadoras: que ni nos hemos dado la vida a nosotros mismos, ni nos hemos dado la libertad.

Para actuar

Si nuestra libertad es fruto de la libertad de otro, podemos reconocernos fuertes y seguros para ejercerla, porque la ejerceremos desde la gratuidad y la magnanimidad con las que la hemos recibido.

Para soñar

La historia toda de la humanidad no esta predeterminada, es una historia de libertad. Pero por el fin por el que ha sido creado tanto el hombre como su libertad, es una historia de esperanza, es una historia de salvación.

10

Dios, queriendo que ángeles y hombres siguieran su voluntad, determinó crearlos libres para practicar el bien, dotados de razón para conocer de dónde vienen y a quién deben el ser que antes no tenían.

San Justino

Para pensar

En la historia de todos los pueblos encontramos situaciones y circunstancias en las que a la injusticia no reconocida por conveniencia se la ha querido encubrir, y en el mejor de los casos remediar malamente, con las cataplasmas de un cierto altruismo. Y en la historia personal de cada uno, también.

Para actuar

Si eres reo de la injusticia, no pidas clemencia, pide justicia. Si tu hermano es reo de la injusticia, dale socorro, pero no dejes de pedir para él también la justicia.

Para soñar

Las civilizaciones se construyen solo a base de generosidad, de amor desinteresado, de solidaridad. Pero solo se cimientan si a la argamasa de ese bien multiplicado se la refuerza, porque ya está suficientemente forjada, con la férrea estructura de la justicia.

11

Ser bueno es fácil. Lo difícil es ser justo.

Victor Hugo

Para pensar

El pobre es rico, si es justo, porque sabiéndose dueño de lo que no tiene pero le pertenece por justicia, no le faltará la razón y la esperanza de conseguirlo. El rico, en cambio, es pobre, si no es justo, porque mientras alguien necesite de lo suyo para vivir dignamente, se sabrá poseedor de un bien ajeno, y le faltará la razón y la esperanza de ser feliz en su riqueza.

Para actuar

Si eres justo, compartirás lo tuyo con los demás, pues en justicia nada es absolutamente tuyo. Siendo así, además, no serás avaro, por lo que disfrutarás por igual de los bienes que otros compartan contigo.

Para soñar

No es utópica la realización plena de la justicia social, el día en que nadie viva en la miseria; utópica es la extendida creencia de que sin la justicia social es posible esperar el establecimiento del resto de los ámbitos de la justicia.

12 *Todas las riquezas del mundo pertenecen al sabio y al justo. El justo tiene las cosas comunes por suyas y las suyas por comunes.*

San Ambrosio

Para pensar

El único camino verdadero, seguro y perdurable de la paz es la justicia. Sin embargo, es más fácil, para una persona y para un pueblo, creerse capaz de no ser violento a creerse capaz de no ser injusto. Pero, en realidad, la injusticia es siempre semilla de violencia, tanto de quien la ejerce para mantenerla, como de quien la sufre para liberarse de ella.

Para actuar

Defiende la paz a toda costa, pero no la paz de los cómodos, de los imperturbables o de los mezquinos, sino la paz que se construye ladrillo a ladrillo, actuando y defendiendo la justicia.

Para soñar

No solo la justicia y el derecho internacionales son la verdadera disuasión para la guerra, sino que solo hombres nuevos que vivan la justicia de cada día, en cada pueblo y en cada casa sean capaces de difundir una cultura de paz y de forjar un mundo en paz.

13 *Eres enemigo de mi amiga —te dice la paz—, ¿por qué me buscas? Soy amiga de la justicia y no acepto al que encuentro enemigo de mi amiga. Cumple la justicia.*

San Agustín

Para pensar

La única grandeza de un hombre estriba en su virtud. Lo demás es pura apariencia. De hecho, solo el traje de su virtud no se apolilla en su tumba. Y de todas las virtudes, hay una que no es mayor que las demás, pero sí condición de todas ellas: la justicia.

Para actuar

O buscamos en la vida la riqueza, la fama, el éxito o incluso la perfección, o buscamos la justicia de Dios y al Dios de la justicia. La vida la recorremos paso a paso, pero lo decisivo no es la longitud de cada paso, sino en qué camino se dan, hacia dónde nos llevan.

Para soñar

Los hay que no ambicionan grandes posesiones, pero sí un poco de comodidad. Los que hay que no ambicionan títulos y honores, pero sí un poco de reconocimiento y gratitud. ¿Habrá un día en el que solo ambicionemos haber procurado siempre el bien y la justicia?

14 *Nadie es pobre para Dios, a no ser el que carece de justicia; nadie rico, excepto el que está lleno de virtudes; nadie egregio, salvo quien fuere bueno e inocente; nadie nobilísimo, a no ser el que hiciere obras de misericordia con largueza; nadie perfectísimo, excepto el que cumpliere plenamente la ley.*

Lucio Cecilio Lactancio

Para pensar

Decimos, con razón, si nuestra casa está hipotecada, que no es nuestra aún, sino del banco. Por la misma razón, y en virtud de esa universal hipoteca social cuyo último plazo no extingue hasta que haya alguien con hambre y sed en este mundo (de la que habla la Doctrina Social de la Iglesia), nada es del todo nuestro.

Para actuar

Más por justicia que por generosidad, debemos compartir al menos lo que no necesitamos para vivir con aquellos que sí que lo necesitan. Y aunque con la despensa de un pobre no se cubre el inmenso granero vacío del mundo, sí lo llenan incontables gestos —aunque pequeños, periódicos y persistentes— de comunión de bienes.

Para soñar

Ya no hablamos de países subdesarrollados, sino de países en vías de desarrollo. ¿Es solo una hipócrita manera de esconder que en no pocos casos contribuimos más a su ruina que a su prosperidad, o es el primer síntoma de una vergüenza que tornará algún día en conciencia de verdadera solidaridad?

15

Cuando proporcionamos algo necesario a los indigentes les devolvemos lo suyo, no les comunicamos lo nuestro; más bien pagamos una deuda de justicia que cumplimos una obra de misericordia.

San Gregorio I Magno

Para pensar

Al inicio de la modernidad parecía bastante claro que el nuevo Estado de derecho tenía que ser el de un derecho asentado en la justicia. En el devenir de la modernidad, la brecha entre derecho y justicia tiende a crecer: por la crisis de los fundamentos filosóficos del derecho, sustituidos por el positivismo y el relativismo, o por la inercia de una decadencia en la práctica: quien hace la ley hace la trampa.

Para actuar

El deber del cumplimiento de la ley tiene un límite susceptible de objeción: cuando la conciencia nos dice que lo legal no es justo y que incurrimos en grave injusticia si obedecemos la ley.

Para soñar

No basta con la permanencia de las estructuras políticas y jurídicas para sostener por sí mismas la paz social y la democracia. La única garantía para que una sociedad mantenga y extienda las libertades conquistadas es mantener vivos los ideales que las propiciaron, y transmitirlos a las nuevas generaciones.

16

Una cosa no es justa por el hecho de ser ley. Debe ser ley porque es justa.

Montesquieu

Para pensar

Somos humanos, no máquinas. Del mismo modo como nuestro pulso no nos permite medir al milímetro la cantidad del agua que ponemos en un vaso, no podemos medir el límite entre la justicia y la generosidad. Hemos sido creados para dar y para darnos, no para retener y para encerrarnos. Querer ser justos es querer el bien del otro, y querer su bien nos lleva a quererlo a él.

Para actuar

Ver la realidad nos hace verdaderos, no arbitrarios. Aunque a la justicia se la represente con los ojos tapados, no cierres tus ojos al ejercerla: verás a quien te pide justicia, y porque lo verás débil como tú, le querrás, y por eso serás justo con él, no porque así te lo diga una inerte balanza.

Para soñar

Sería más fácil construir una sociedad que funcione como un reloj que construir una sociedad en la que reine cada día más la justicia. Pero lo primero no sería solo inútil, sino peligroso. Lo segundo no solo es posible, sino necesario.

17 *Haz justicia con alguien y acabarás por amarlo. Pero si eres injusto con él, acabarás por odiarlo.*

John Ruskin

Para pensar

Nunca la norma puede prever todas y cada una de las circunstancias y situaciones, y aplicarla sin más, cuando la justicia que dicta la conciencia y el corazón nos dicen que no es completa justicia, es una deshonra de ella misma. Siempre tiene que haber un margen para la clemencia, el perdón y la compasión, cuando la aplicación de la norma entra en litigio con la exigencia de humanidad.

Para actuar

Del mismo modo por el que no somos sinceros si somos injustos excusándonos en la misericordia, seríamos mezquinos si quisiéramos justificar —es decir, argumentar en justicia— nuestro egoísmo o nuestro enajenamiento.

Para soñar

Sería ilusorio pensar en un mundo que no necesitase de la administración de la justicia, pero sería aún mucho más ilusorio un mundo en el que los hombres pudiesen pervivir sin el ejercicio de las obras de la misericordia.

18

Justicia sin misericordia es crueldad.

Santo Tomás de Aquino

Para pensar

Si la justicia persigue garantizar los derechos de todos, sirve antes que nada a los dos más importantes: la vida y la libertad. Una sociedad de opresión es una sociedad de injusticia, y viceversa.

Para actuar

Si no trabajamos hoy para defender la justicia, nos lamentaremos mañana de haber perdido la libertad.

Para soñar

La alianza natural entre libertad y justicia es siempre razón para la esperanza. Allí donde aún respire, aunque moribunda, la justicia, habrá una oportunidad a la defensa de hombres libres, quienes podrán así reconquistar el estado de la justicia.

19 *Desterrada la justicia, que es vínculo de las sociedades humanas, muere también la libertad que está unida a ella y vive por ella.*

Juan Luis Vives

Para pensar

La justicia se sostiene en el tiempo, pero no aumenta con el tiempo. En cambio, la injusticia se multiplica cada día que se mantiene, porque al hombre injustamente tratado se le roba la vida transcurrida que debería haberse vivido en la justicia. Y esta deriva de la injusticia no es equiparable a la de los intereses impagados de una deuda, sino al desangrarse mortal de una herida no curada.

Para actuar

Date tiempo para el castigo, pero apresúrate a la hora de restituir la libertad, la honra, la dignidad, la facultad y la verdad exigidas por la justicia.

Para soñar

Si ganamos velocidad para ganar tiempo, y si a esta ganancia la llamamos progreso, ¿por qué no progresar en la rapidez de la justicia? La administración de la justicia podría hacerlo, pero también cada uno de nosotros si decimos que perdemos el tiempo esperando algo o viajando a algún sitio, y no cuando el que está a nuestro lado espera justicia o corre el peligro de emprender el viaje de la desesperanza.

20 Una cualidad de la justicia es hacerla pronto y sin dilaciones; hacerla esperar es injusticia.

Jean De La Bruyère

Sabiduría

y Humildad

Sabiduría y Humildad

Recordó en una ocasión Juan Pablo II (1920-2005) la exhortación de un antiguo sabio que proclamaba «Haz, hijo, tus obras con modestia... Cuanto más grande seas, más debes humillarte». La verdad es que eso mismo podemos decirlo de él, que cuanto más grande fue —su riquísimo magisterio y su sabia defensa del hombre en todos los rincones de la tierra no tienen parangón en la historia— más humilde fue. En una ocasión, cuando el cardenal primado de Polonia se arrodilló para saludarlo, Juan Pablo II se levantó de su asiento, lo tomó entre sus brazos y se arrodilló frente a su maestro. En uno de sus últimos viajes, en Tierra Santa, se le acercó una mujer que cuando tenía trece años él la había encontrado abandonada en las calles nevadas de Cracovia, y sobre sus hombros, la llevó a la estación y en un tren la puso en camino hacia la libertad. El sabio que es humilde sobre todo sabe amar con acierto y prontitud.

Y si me he atrevido a poner como ejemplo de sabiduría y de humildad a un papa, me voy a atrever también a añadir a un rey, Balduino de Bélgica (1930-1993). Tiene su lógica, porque precisamente ellos, desde sus respectivas atalayas, podían haber relegado la humildad a otro escalón de entre sus virtudes. Pues bien, el rey austero, estudioso, volcado no solo con los problemas de su pueblo, sino con los del mundo entero, inflexible a la hora de no firmar leyes que fueran en contra de su conciencia, defensor de la vida de los más inocentes, cabal en sus tareas, magnífico esposo, parecía casi invisible por su sencillez y humildad extremas. Cuando murió supimos que siempre llevaba en el bolsillo un pequeño burrito de plástico. Así, en las ceremonias oficiales y en otros actos públicos, él lo tomaba entre sus dedos y se decía: «este eres tú, simplemente un burrito».

Para pensar

La sabiduría no es una mercancía, sino a la vez un don del cielo y una adquisición de la voluntad de quien la busca. Sabiduría y virtud son inseparables, porque no se puede ser virtuoso sin una conciencia sabiamente formada, ni se puede ser sabio sin una determinante búsqueda de la verdad, el bien y la belleza, recorriendo la travesía que conduce a la virtud.

Para actuar

No quieras ser docto si no te preguntas por tu obrar, y si no intentas todos los días reconducirlo por el bien. Del mismo modo, no quieras hacer el bien sin instruirte, pensar y consultar cómo hacerlo, porque son incontables los errores y los perjuicios motivados, sin discernimiento, por buenas intenciones.

Para soñar

La ignorancia ha ido siempre de la mano del retroceso o del estancamiento de los pueblos, y la ciencia, de su progreso. Pero una ciencia sin sabiduría —que no se reconduce a sí misma continuamente en busca del bien del hombre— lleva a un retroceso aún peor que el de la ignorancia. La esperanza de nuestro tiempo pasa porque la sabiduría guíe el progreso técnico y científico.

21

Todas las virtudes están en el hombre sabio. En el necio están todos los vicios.

Séneca

Para pensar

No se puede ser sabio sin ser humilde, porque la sabiduría no se crea, se encuentra. No se puede ser sabio sin ser agradecido y piadoso, porque cuanto más sabemos, más nos asombramos ante el misterio de la verdad y de la vida. Y no se puede ser sabio sin ser generoso y constructivo con los demás, porque la obra magna de la Sabiduría es la dignidad humana, ante la que el sabio se postra.

Para actuar

De lo que sale de tu boca abunda tu corazón. Recoge lo mejor de tu corazón —de tus deseos y afectos más nobles— para expresarte, no para engañar a nadie, sino para decirte a ti mismo aquello que de verdad buscas y prefieres.

Para soñar

Si los ricos no fuesen egoístas, no serían ricos, sino benefactores. Si los poderosos no fuesen corruptos, no serían poderosos, sino servidores. Y si los intelectuales no fueran demagogos, no serían intelectuales, sino sabios. Educar para la generosidad, la servitud y la sabiduría, es hacer un mundo nuevo.

22

En estas tres cosas se conocerá que tu boca está llena en abundancia de sabiduría: si confiesas de palabra tu propia iniquidad, si de tu boca sale la acción de gracias y la alabanza, y si de ella salen también palabras de edificación.

San Bernardo

Para pensar

Ni la acumulación de conocimientos, ni la facultad de exponerlos, es la sabiduría. La sabiduría es el amor a la verdad. Un amor que busca siempre aquello que, en todo orden de cosas de la vida, se esconde bajo la apariencia de las mismas, y se «saborea», y se «aprehende», hasta hacerse inseparable del alma del sabio. Por eso el sabio se encandila ante las verdades reveladas, de valor infinito, y por eso también el sabio se identifica con el santo, porque se asombra, se detiene y se abraza a lo sagrado, a aquello que es a la vez venerable e inalcanzable.

Para actuar

Si estudias mucho, y enseñas poco; si no lees todo lo que alcanzas, sino lo que eliges con tino; si no buscas ser maestro de nadie, pero si te buscas un buen maestro; si escuchas mucho, y hablas poco. Y si hasta en el silencio esperas acoger más que elaborar tu pensamiento, entonces estás en el camino del verdadero saber.

Para soñar

Cuando la economía se resiente, se compran menos libros, pero se lee más. Sin duda, es buen síntoma de prosperidad futura. Pero donde realmente una sociedad se juega su futuro está en su vuelta o en su rechazo a las fuentes del saber: a la filosofía, que escudriña el sentido, y la teología, que si para muchos es sentido revelado, al menos para todos, sin prejuicios, debería resultar altamente revelador.

23

Porque una cosa es tener soltura y facilidad de palabra y aun cierta elocuencia en el decir, y otra penetrar hasta el corazón de las palabras divinas y contemplar con la mirada pura del alma los misterios más profundos y escondidos.

Juan Casiano

Para pensar

El método por antonomasia de la ciencia está en el distinguir, diseccionar, desmontar, para conocer las entrañas de la realidad. Distinguir entre lo que percibo, lo que juzgo, y lo que discurro, es decir, entre contemplación, relación con el criterio, y razonamiento, es camino certero para el saber. Pero además, es necesario aplicar la virtud en el mismo método: claridad, exactitud, veracidad, rigor. A la postre, trabajo y virtud son las herramientas del pensador.

Para actuar

No te apresures a definir y a sentenciar, sin antes mirar la realidad buscando la luz necesaria para conocerla, el criterio de juicio indispensable para valorarla, y la razón suficiente para entenderla.

Para soñar

El mundo se mueve a golpe de decisiones. Millones de decisiones por segundo. Si fueran sabias —claras, juiciosas y rigurosas— podrían, como hormigas laboriosas, girar el mundo hacia su bien.

24 *Percibir con claridad y exactitud, juzgar con verdad y discurrir con rigor, son las tres dotes de un pensador.*

Jaime Luciano Balmes

Para pensar

Por eso mismo, el mal maestro enseña más de lo que sabe, el mediocre, enseña todo lo que sabe, y el buen maestro, solo enseña una pequeña parte de lo que sabe. Y no es por egoísmo, sino porque lo que se sabe requiere el continuo esfuerzo de ser repensado, revisado, y reformulado para ser provechoso a la hora de ser expresado.

Para actuar

Para quienes no somos sabios, nos queda el remedio de ser al menos, como ellos, prudentes. Y la prudencia del pensar y del hablar lleva a un doble orden, en el tiempo y en la dedicación: primero: antes pensar que hablar; segundo: pensar mucho, y hablar poco.

Para soñar

Si el motor del mundo son las ideas, estas no solo lo mueven cuando se realizan, sino aún antes, cuando se cuentan. Por eso palabras vanas lo malogran, y palabras certeras, lo mejoran. Al menos, nunca podremos decir que no hayamos podido mejorar el mundo con nuestras palabras.

25 *El sabio nunca dice todo lo que sabe o piensa, pero siempre piensa lo que dice.*

Aristóteles

Para pensar

Al venir de lo alto, se asemejan las palabras divinas a la lluvia («Él mismo derramará como lluvia las palabras de su sabiduría», Eclesiástico 39,6), que no están llamadas a terminar en un barrizal para pudrirse, sino en una tierra fértil, que da fruto que sacia, que solo vuelve al cielo habiendo sido provechosa.

Para actuar

«Poned, pues, en vuestro corazón y en vuestra alma las palabras que Yo os digo: atadlas a vuestras manos para recordarlas y ponedlas como frontal ante vuestros ojos» (Dt. 11, 18).

Para sonar

Quien no comunica la sabiduría que se le ha comunicado por gracia, la inutiliza, y a la postre la extravía. Solo compartiéndola se libera de la esclavitud de la lengua y se transforma en vida. Y si uno que la vive edifica su casa sobre roca (Mt. 7, 26), muchos edifican una ciudad nueva, unos «cielos nuevos y tierra nueva, un mundo en que reinará la justicia» (1 Pedro 3, 10-13).

26 *Dios no nos ha dado palabras en conserva para que las custodiemos, sino palabras vivas para alimentarnos y alimentar a los otros.*

Charles Péguy

Para pensar

Muchas cosas pueden pensarse a lo lago de la vida, pero amar, pocas. Lo que amamos es lo que realmente sabemos, lo que realmente conocemos, y lo que realmente nos identifica. No solo porque la sabiduría es el amor a la verdad, sino porque es esta verdad la que primero amó al hombre, para hacerlo sabio, y por tanto, suyo.

Para actuar

A la advertencia de no juzgar por las apariencias, y a la más valiente lección evangélica de no juzgar nunca para nunca ser juzgados, podemos añadir un sencillo consejo: sabremos mucho más de otro por lo que anhela, lo que sueña, lo que busca, lo que ama; que por lo que dice, lo que le preocupa, o lo que se le viene en gana. Lo primero toca su hondura y permanece, lo segundo, solo su piel y además pronto se muda.

Para soñar

Y si quieres mejorar tu entorno, tu ciudad, el mundo entero... no intentes hacerlo a partir de lo que expresa, sino a partir de lo que quiere: seguro que así es más fácil entenderse, con otra persona, y con la sociedad entera.

27
Si quieres conocer a una persona, no le preguntes lo que piensa, sino lo que ama.

San Agustín

Para pensar

El saber es una actitud ante la vida que requiere muchas cualidades: desde la mera curiosidad, a la más importante, el deseo de profundidad, la huida de la superficialidad. Pero cuenta también con tres cualidades indispensables: laboriosidad, diligencia y talento. La primera, para empezar y reempezar la búsqueda de la sabiduría, la segunda, para no desesperar en ella, y el tercero, para adquirir arte en encontrarla. Y las tres son antagónicas de la pereza.

Para actuar

Nunca podrás sondear no ya solo tu capacidad de conocer, sino sobre todo la hondura de tu ser, si caes en las garras de la pereza. Porque esta no solo no te deja realizar cosas, sino que tampoco te deja realizarte a ti mismo.

Para soñar

Para que la realidad mejore hay que cambiar muchas cosas, y hay que hacer otras nuevas. Y sobre todo, hay que saber cuáles son unas y otras. Y por su puesto, cambiar, hacer y saber cuestan trabajo.

28

Frecuentemente, la ignorancia es hija de la pereza.

San Juan Crisóstomo

Para pensar

La primera utilidad de la sabiduría es la capacidad de juicio. Le aporta no solo conocimientos, sino experiencia, inteligencia, y criterios de valoración. Pero hasta el más sabio no está libre de la tentación del prejuicio, que lleva inevitablemente al perjuicio. El prejuicio no solo antepone las consideraciones subjetivas a las objetivas, sino que además las empaña con el vaho del egoísmo, del propio interés, o d un irracional rechazo.

Para actuar

Lo más sabio, sin duda, es juzgar solo en función de nuestro deber. Y cuando no hay más remedio, hacerlo solo cuando se esté convencido de dos cosas: de la rectitud del juicio, en su intención y en su discernimiento, y de la finalidad del juicio: el bien para todos, también para el que haya de ser juzgado.

Para soñar

La denuncia desafortunada y malintencionada es doblemente retroactiva: no hace justicia y desacredita la justicia.
En cambio, el juicio respetuoso y paciente, abierto a la conciliación y a la conversión, es doblemente eficaz: asegura la restitución y abre la puerta para una justicia aún más generosa y prolongada que la requerida.

29

Muchas veces juzgamos las cosas conforme a nuestro deseo, y perdemos con frecuencia el verdadero juicio por amor propio.

Tomás de Kempis

Para pensar

Si dar como verdadero que no existe la verdad es una absurda contradicción, ¿por qué esta necedad siempre encuentra adictos? El relativismo gnoseológico (del conocimiento) es un mero sofisma, como el moral es una frivolidad. Si el segundo sirve para justificar cualquier acto al margen de su moralidad, el primero sirve para poder justificar por qué puedo hoy decir una cosa y mañana la contraria. Si la verdad no existe, solo queda la conveniencia.

Para actuar

Nunca hay que renunciar a la búsqueda de la verdad. Cuando te digan aquello de «tu verdad, mi verdad», puedes argumentar: si tengo un problema, ¿para qué pedirte consejo, si tu respuesta no puede ser más verdadera que la mía? Así, caemos en el mayor de los fanatismos: yo solo poseería la verdad. En cambio, si buscamos la Verdad que nos es dada por la Palabra revelada, conoceremos la verdad de las cosas, y la verdad nos hará libres (Cfr. Jn. 1, 31-32).

Para soñar

El camino del auténtico bien común, al igual que el auténtico camino del bien personal, pasa necesariamente por un túnel infinito en su longitud, pero estrecho en su anchura: el convencimiento de que no poseemos la verdad, pero no porque ella no exista, sino porque es ella quien nos posee, y se nos da.

30

Es evidente que existe la verdad. Porque el que niega que existe la verdad, conoce que la verdad existe. Si, pues, no existe la verdad, es verdad que la verdad no existe.

Santo Tomás de Aquino

Para pensar

«¡Oh pobreza, fuente de riqueza!», cantaba San Francisco. La humildad es pobreza: reconocerse pobre ante Dios, y en consecuencia, ante uno mismo y ante los demás. Pero es fuente de riqueza, porque es la única manera de encontrarla: en quien es el Dador de todo bien, y en el bien regalado en nosotros.

Para actuar

Aunque es difícil alcanzar humildad sin sufrir humillaciones, no es humillándose a sí mismo como uno es humilde, sino sincerándose en el espejo de la verdad. La humildad no es un artificio, sino un reconocimiento.

Para soñar

Ninguna injusticia ni ninguna falsedad, de tantas que son heridas abiertas a lo largo de la historia, es por causa de la humildad, sino por causa de la soberbia. ¿No será la humildad el único ungüento capaz de curar esas heridas?

31 *Ser humilde es ser lo que uno es. La humildad es la verdad.*

Santa Teresa de Jesús

Para pensar

Un fallo en una acción buena es corregible, pero una acción, por muy buena que sea, acompañada de principio a fin por la carcoma de la soberbia, es como levantar un magnífico edificio sobre arenas movedizas. Todo queda contagiado, y todo quedará derrumbado. ¿Por qué es así? Seguramente conllevará efectos endógenos. Pero además, yo creo que es porque no va acompañada por la tutela de la Providencia.

Para actuar

Podemos hacer grandes cosas aun desde la inseguridad o el desánimo, la incertidumbre o la desgana, pero nunca con el aparentemente motivador estímulo de la soberbia. Hasta donde no te alcance la humildad, deja espacio a la evidencia: no te empeñes en sacarlas adelante.

Para soñar

Muchas obras nacidas de la arrogancia fracasan aunque no podamos demostrar que el engreimiento era su causa. Otras muchas sí: porque la insolencia lleva el aguijón de la desunión, y sin unidad, no se puede hacer nada en común, ni nada que sirva al bien común.

32

Aun las buenas acciones carecen de valor cuando no están sazonadas por la virtud de la humildad.

San Gregorio I Magno

Para pensar

¡Qué bien lo explicaba el Santo Cura de Ars!: «La humildad es una antorcha que presenta a la luz del día nuestras imperfecciones. No consiste, pues, en palabras ni en obras, sino en el conocimiento de sí mismo, gracias al cual descubrimos en nuestro ser un cúmulo de defectos que el orgullo nos oculta hasta el presente».

Para actuar

En cualquier lugar y momento de la historia, el hombre, en cuanto hombre, se debate entre la humildad y la soberbia. Pero cada tiempo y cada lugar tienen sus influencias propias. Hoy, imposible es alcanzar humildad si aceptamos sin hacer crítica un postulado insoslayable de la cultura dominante: «nunca tienes que arrepentirte de nada, todo lo que haces es bueno porque lo has hecho según te ha dictado tu corazón». Al menos antiguamente inventaban excusas mejores.

Para soñar

Hombres viejos, hacen viejas las cosas. Hombres nuevos, hacen nuevas las cosas. ¿Cómo es que quienes se creen perfectos dicen que hay que perfeccionar las cosas? ¿Acaso se creen provenientes de otro planeta? Con los pies en la tierra, yo confío en un futuro mejor por el influjo de los pobres y los humildes.

33 *La humildad no debe estar tanto en las palabras como en la mente; debemos estar convencidos en nuestro interior de que somos nada y que nada valemos.*

San Jerónimo

Para pensar

La proliferación de la cultura de la autosuficiencia, la apariencia y la ostentación, llevan a muchos a pensar que la humildad es una actitud pasiva y pusilánime. Pero no es así. Tal vez el soberbio sea precipitado, y como tal, temerario hasta el fracaso. El humilde, en cambio, es, en palabras de Ovidio, como «la gota de agua que gotea en la fuente, horada la piedra no con violencia, sino cayendo suave con constancia».

Para actuar

No pocos consejos de «autoayuda» te dirán todo lo contrario. Elevarán el concepto de autoestima a la más ridícula de las arrogancias, y encima te dirán que en eso estriba el éxito de tus quehaceres. Nada que ver con la realidad. La mejor autoayuda es el conocimiento de uno mismo, y de cómo superar los propios límites. Y la mejor autoestima es quererse como uno es, no como uno se engaña que es, porque en el fondo no se acepta.

Para soñar

«La felicidad humana —decía Benjamin Franklin— generalmente no se logra con grandes golpes de suerte, que pueden ocurrir pocas veces, sino con pequeñas cosas que ocurren todos los días». Lo mismo podemos decir de la prosperidad humana, de su futuro en común. Se construye solo día a día, desde la humildad, y en la constancia.

34

Haz todas las cosas, por pequeñas que sean, con mucha atención, con el máximo esmero y diligencia; porque el hacer las cosas con ligereza y precipitación es señal de presunción; el verdadero humilde está siempre en guardia para no fallar en las cosas más insignificantes.

León XIII

Para pensar

Todos los autores de la Antigüedad coinciden en que la humildad es la madre de todas las virtudes, y es que sin ella, es imposible que se realice ninguna de las demás. Porque si soberbia, ostentación y orgullo se anteponen una a una a la humildad, esta es requerida igual para la sabiduría o la fe que para la caridad y la valentía.

Para actuar

Vives todas las virtudes amando desinteresadamente al prójimo. Pero es imposible vivir en ese amor constante sin ser humilde. Solo el humilde comparte con los demás lo que tiene, pero es que también solo el humilde es capaz de dar la vida por los demás: «No obréis por rivalidad ni por ostentación, dejaos guiar por la humildad y considerad siempre superiores a los demás. No os encerréis en vuestros intereses, sino buscad todos el interés de los demás» (Fil. 2, 2).

Para soñar

El futuro es incierto no porque esté en manos de la iniquidad, sino porque esta en manos de la confusión entre el bien y el mal. Dejará de serlo, en tanto en cuanto se despeje esa confusión, y en más hombres la libertad quede iluminada por la verdad en la humildad.

35 *Y en verdad, ¿qué fruto puede dar la ciencia con la soberbia, o la fe con la gloria humana, o la ostentación con la limosna, o el martirio con el orgullo?*

San Ambrosio

Para pensar

No ve a Dios quien cargado de méritos ante él, estos le tapan los ojos. Solo quien va sin nada, sin pretender nada, lo puede llegar a encontrar. Pero cuando está seguro de que es el mismo Dios el que sale a su encuentro, es cuando se hace uno con todos, y se pone detrás de todos, como hizo Él, por amor a todos.

Para actuar

Nada importante en la vida puede empezarse sin situarse, sin posicionarse. Se posiciona el que preside una reunión para plantear un problema. Se posiciona el enamorado para declararse. Se posiciona el religioso para emitir sus votos. Y la posición determina la actitud. Por eso, para servir a Dios y para servir a los hombres, hay que posicionarse, y esta disposición es la humildad.

Para soñar

¡Qué paz da saber que los grandes y poderosos no conseguirán sus propósitos de hacernos la vida más feliz! Temblaríamos de pavor. En cambio, ¡qué paz da saber que los pequeños y los humildes, los bienaventurados del Evangelio, nos enseñan el secreto de la felicidad!

36

Es justicia hacerse igual a los inferiores, y quien se iguala de esta forma se eleva ante Dios, y si no contento con hacerse igual se hiciere inferior, conseguirá ciertamente un grado mucho más alto de dignidad ante Él.

Lucio Cecilio Lactancio

Para pensar

Es tan evidente la identificación entre encargo y responsabilidad, que muy acertadamente tendemos a sustituir los «cargos» por «responsabilidades», y decimos, cuando alguien recibe un nombramiento en su trabajo, que ha sido nombrado responsable de esto o de aquello. Pero como no hay manera de ejercer mejor la responsabilidad que desde la humildad, que comporta la actitud de servicio, falta aún un paso más: cuando sustituyamos los «cargos» por «servicios», porque cuanto más importante sea el cargo, más grande debe ser la actitud y la actividad del servicio.

Para actuar

Cuanta más responsabilidad te den, más humilde deberás ser. No solo porque más se te va a exigir, sino por algo mucho más alentador: porque la carga será más ligera, no la inflarás con tus ínfulas, y además sabrás compartirla con los demás.

Para soñar

Si en el Reino de los cielos «los primeros serán los últimos y los últimos los primeros» (Mt. 20, 16), no estaría mal empezar en los reinos de la tierra cambiando al menos algunas posiciones.

37 *Cuanto más alto estemos situados, más humildes debemos ser.*

Marco Tulio Cicerón

Para pensar

Templanza, prudencia, sosiego, paciencia, son virtudes especialmente unidad a la humildad. Aparentemente pasivas, son muy «proactivas», en la medida en que saben apreciar el mejor momento para actuar cada cosa. En cambio, impaciencia, ansiedad y zozobra no llevan a ninguna parte, y son típicas del fanfarrón.

Para actuar

Hay una manera muy fácil de no precipitar acontecimientos, y es no desearlos. Solo deberíamos desear hacer las cosas bien, porque esa es su finalidad propia. Lo demás, si ha de venir, que venga «por añadidura».

Para soñar

¡Qué mundo más desigual el que prometen, sin reconocerlo, los predicadores del «secreto de la atracción»! Los ricos son ricos, dicen, porque piensan en grande, y atraen la riqueza. ¡Yo creía que al menos los pobres tenían el privilegio de soñar! Menos mal que no es así: la poca igualdad que el devenir nos confiere se da porque los ricos se precipitan en su avaricia, y los pobres se resuelven porque se ayudan entre sí.

38

La mayor parte de los fracasos nos vienen por querer adelantar la hora de los éxitos.

Amado Nervo

Para pensar

A veces, quienes más han conocido la gloria terrena, más son conscientes de su inconsistencia. Carlos V dijo esto al volver a España, y decidir entrar, hasta el final de sus días, en la paz de un monasterio.

Para actuar

Alguien, infinitamente más docto que el resto de los hombres, nos indicó el camino con extrema claridad: «acumula un tesoro inagotable en el cielo, donde no se acerca el ladrón ni destruye la polilla. Porque allí donde tengas tu tesoro, tendrás también tu corazón» (Lc 12, 32-33).

Para soñar

La caducidad de la vida humana sobre la tierra, y la caducidad de todas las riquezas ostentosas, es prenda de igualdad futura. El tiempo todo lo nivela, y la inevitable desnudez también.

39 *¡Oh madre común de los hombres: desnudo he salido del vientre de mi madre y desnudo y pobre entraré en el tuyo!*

Carlos I de España

Para pensar

Dice San Agustín que «los cántaros vacíos hacen mucho más ruido que los llenos». Es más propio de la vanagloria el hablar, y más propio de la humildad el callar. Pero es que además, el humilde calla su humildad porque no la conoce. El humilde solo conoce su verdad.

Para actuar

Si, como a Santa Teresa, te pesa el que hablen bien de ti, porque bien sabes «lo secreto» de ti, nada más hay que hacer. Si no, es que no sabes nada de ti.

Para soñar

La virtud no necesita ni debe «venderse» en el mercado de la publicidad. Correría el peligro de ser desvirtuada y rebajada. La única publicidad de la virtud es el testimonio que suscite imitación, pero este no se cuenta, se ve, y se contagia.

40

La verdadera humildad no muestra que lo es ni anda diciendo palabras humildes, porque no solo desea ocultar las otras virtudes, sino principalmente ocultarse a sí misma.

San Francisco de Sales

Amor

y Amistad

Amor y Amistad

En la plaza de San Pedro la Guardia Suiza esperaba la llegada, en visita oficial, de una reina. Ese mismo día, la Madre Teresa (1910-1997) se dirigía, con ese bolso de paja que la tapaba casi por completo, con su andar de pasos cortos, con su inconfundible cabizbaja figura, hacia la puerta de Santa Ana. Al percatarse de su presencia, el capitán de la Guardia Suiza dio las órdenes de rigor para que todos los guardias se volviesen y le rindiesen honores. Y dijo: «Estamos aquí para rendir honores a una reina. Pero se ha adelantado la Reina de la Caridad». Ciertamente. Aquella que hizo de unos de los lugares más infernales de la tierra la Ciudad de la Alegría ha sido la reina más rica y hermosa del mundo, la más querida, la más admirada, la más bella de las reinas. Ella, que se despojó absolutamente de todo sensible al clamor silencioso de los más pobres entre los pobres, ha ganado «la corona de gloria que no se marchita».

De amor y amistad, pocos saben como Salvucio, un joven siciliano en paro. No sabe muy bien qué pinta en la vida, porque todos en su barrio parecen felizmente integrados. Sabe que alguno de ellos vive de la mafia, y eso él jamás lo haría. Se pregunta si incluso allí le admitirían. En la cola de una oficina de empleo, conoce a un inmigrante magrebí cargado de bolsas y de niños. Los demás le miran con desprecio. Salvucio, que guarda un potencial que ningún empleador ha valorado suficientemente, el de su enorme corazón, empieza a hablar con él. A las pocas horas se encuentra con Aman y sus hijos en un tren hacia Roma. Una de las niñas necesita ser operada, y solo allí pueden ayudarla. Salvucio le ha dado todo el dinero que tenía, pero a partir de aquel día ya no le importa mucho el dinero, ni el trabajo. Porque no ha dejado de trabajar por los inmigrantes desde una ONG de su ciudad.

Para pensar

Por amor se sufre, se sobrellevan las calamidades peor imaginables. Por amor se da la vida, día a día por los que se ama, y si se tercia, la vida misma. Algo sobrenatural tendrá el amor que si es verdadero padecemos todo por él, y además, no tendríamos días y horas para agradecer su don. «¿Será porque Dios es amor?» (1 Jn, 4, 8).

Para actuar

No sirve de nada cerrarse a la infinita fuerza atractiva del amor. Podemos resistirnos una vida entera al impulso interior de vivir más por el otro que por nosotros mismos, pero esa vida no sería sino una vida de resistencia y de frustración.

Para soñar

La famosa «cadena de favores», insignificante expresión de otra cadena más grande, la «cadena de amores», solo es posible si la experiencia del amor verdadero se universaliza —si todos los hombres aman a todos los hombres— y para esto hay un «encadenamiento» directo: además de agradecer el amor a quien nos quiere, dar gracias a Aquel que nos regaló a todos, no solo la vida, sino el amor, y por tanto, aquello por lo que la vida tiene sentido.

41 *El amor, que nos persigue, es con frecuencia un tormento para nosotros; y sin embargo, le damos las gracias, porque es el amor.*

William Shakespeare

Para pensar

El poeta, el filósofo, el narrador, el artista, lo son porque han encontrado un modo de comunicar su pasión por la verdad, la bondad y la belleza, y por tanto su deseo inacabable de amar y ser amados. Pero esta pasión y este deseo es lo más socializado que existe, es de todos. Nacemos y morimos con ellos.

Para actuar

Cada instante de nuestra vida es una ocasión para escribir con nuestra actitud y nuestra actuación para con el otro que pasa a nuestro lado, la más hermosa página literaria.

Para soñar

Ese es el libro de nuestra vida, la obra de arte que un día, página con página, Alguien nos mostrará. Según *El arte de amar* de Chiara Lubich, este libro tendría al menos seis capítulos: «Cuando amamos a todos», «Cuando fuimos los primeros en amar», «Cuando nos hicimos uno con el otro hasta el final», «Cuando amamos a los demás como a nosotros mismos», «Cuándo amamos a los enemigos» y «Cuando vimos al Señor en cada persona que servimos».

42 *El amor es la poesía del hombre que no hace versos, la idea del hombre que no piensa, y la novela del hombre que no escribe.*

Edmund y Jules Hout de Goncourt

Para pensar

Tendemos a desear todo lo que nos satisface, pero el amor verdadero huye de las ataduras de la satisfacción. El amor nos hace libres de nuestros intereses, nuestras pasiones, y nuestras satisfacciones, porque el amor auténtico no es posesivo, sino oblativo. Se da, sin esperar nada. Hay que desear esto para desear el amor.

Para actuar

Si consigues desear solo lo que amas y todo lo que amas, si todo lo que amas es digno de amor, como lo son todos los hombres que habitan la tierra, y si tu deseo no quiere otra cosa que amar desinteresadamente, sin desear nada más, te asomarás a la perfección. Pero, no te engañes, este trabajo ocupa toda la vida, porque requiere purificar tanto el deseo como el amor.

Para soñar

El mundo no necesita solo personas que sueñen, deseen y pongan manos a la obra para realizar sus sueños y deseos. El mundo necesita amor, porque solo el amor discierne los deseos que construyen de los que paralizan, y porque solo el amor hace que otros luchen por tus deseos y que tu luches por los de los otros.

43 *Amor y deseo son dos cosas diferentes; que no todo lo que se ama se desea, ni todo lo que se desea se ama.*

Miguel de Cervantes

Para pensar

El amor es impagable no porque no tenga valor, sino porque nada hay que tenga más valor. Es el oro del mundo de los valores. Pero no se puede pesar, ni cuantificar, porque el amor, o es infinito, o no es amor.

Para actuar

«Donde no hay amor, pon amor, y encontrarás amor», nos dijo también San Juan de la Cruz. Es el único modo de compensar escasamente la gratuidad del amor.

Para sonar

¿Qué mejor manera de entender que tenemos que hacer para dejar un mundo mejor a las siguientes generaciones, y qué mejor manera de entender esa eternidad que se nos promete, que saber que, como nos decía también San Juan de la Cruz, «al atardecer de la vida, serás examinado en el amor»?

44 *La paga y el jornal del amor es recibir más amor hasta llegar al colmo del amor. El amor solo con amor se paga.*

San Juan de la Cruz

Para pensar

Si, como decía San Agustín, «la medida del amor es el amor sin medida», entonces no hay nada que lo mida y que lo pare. No porque vaya en contra de la prudencia o de la sensatez, sino porque estas existen para frenar el egoísmo, reconocer el engaño, y ponderar el bien de nuestras acciones, pero nunca para frenar, confundir o retener el amor verdadero.

Para actuar

Si el amor «perdura a pesar de todo, lo cree todo, lo espera todo y lo soporta todo» (1 Cor. 13, 7), no hemos de tenerle miedo, con él no hay obstáculos que nos detengan en el camino.

Para soñar

Ante todos los problemas, limitaciones, y barreras, por las que nuestro mundo no es el mejor de los mundos posible, resulta que sabemos de una llave capaz de abrir todas esas puertas, que existe una mirada que las atraviesa, y que, ¡no cuesta tanto!

45 *La fuerza del amor no mide las posibilidades. Ignora las fronteras. El amor no discierne, no reflexiona, no conoce razones. El amor no se resigna ante la imposibilidad, no se intimida ante ninguna dificultad.*

San Pedro Crisólogo

Para pensar

El auténtico amor no hace daño, no desencadena dolor, no provoca problemas. Solo construye, resuelve, soluciona. Pero porque lleva consigo siempre la verdad, puede descubrir heridas abiertas y desempolvar problemas irresueltos, precisamente, porque tiene que curar y solventar.

Para actuar

El proverbio popular «obras son amores y no buenas razones», nos invita a reconocer la lista interminable de acciones que se encierran en la palabra amor, incluidas las acciones invisibles, como el silencio, la oración, o el perdonar de las cosas pequeñas.

Para soñar

Si para el reino del amor que podamos emular aquí en la tierra hay tanto que hacer, imaginemos que deslumbramiento de actividad tiene que haber en el reino del amor que se nos dará. Santo Tomás decía que «aquí la caridad es ya un comienzo de la vida eterna, y la vida eterna consistirá en un acto ininterrumpido de caridad».

46

Estas seis cosas, entre otras muchas, se encierran en la palabra amor: amar, aconsejar, socorrer, sufrir, perdonar y edificar.

Fray Luis de Granada

Para pensar

La dinámica del amor es la de salir de uno mismo, para vivir el otro, para, como dice San Pablo, «hacerse uno» con el otro. Amar es buscar el bien del otro, pero vivir en el amor es vivir en la certeza de que no hay mejor bien para uno mismo que no ocuparse de sí, del bien propio, sino solo del bien del hermano.

Para actuar

No hay sacrificio ni penitencia en la vida más querida por el Creador y más necesaria para la criatura que la ascética del amor: negarse, callarse, anularse, a uno mismo, para dejar espacio al amado.

Para soñar

¡Qué útil sería cambiar los sueños utópicos y grandilocuentes, que se quedan solo en sueños, por otros sueños igual de inabarcables pero a la postre realizables! Como el de sustituir poco a poco las ocupaciones y preocupaciones que a lo largo del día tienen que ver con nosotros, por ocuparnos de aquello que preocupa a quienes queremos.

47

Amar es encontrar en la felicidad de otro tu propia felicidad.

Gottfried Wilhelm Leibniz

Para pensar

Dos razones teológicas explican esta «liberalidad» que tan escandalosa puede resultar para los espíritus cautelosos y circunspectos: porque para esto Dios nos ha creado libres, para amar; y porque no hay mejor discernimiento de la libertad que querer lo que Dios quiere, y lo que Él quiere es que nos amemos los unos a los otros como él nos ha amado (cfr. Jn. 13, 34). Fuera de la teología no es fácil razonar este principio moral, sino por la verificación posterior no solo de que por este camino la libertad nunca redunda en libertinaje, sino porque se comprueba fehacientemente aquello de que «la verdadera libertad es la práctica del amor» (Gal. 5, 13-18).

Para actuar

En esto, el orden —en el ser, no solo en el hacer— sí que «cambia el producto». Primero, ama, y si amas de verdad —si no otro es el fin y el criterio para cada paso a dar— entonces haz lo que quieras. Al revés no vale, porque si primero es hacer lo que queramos, y luego amar, entonces ni callaremos ni hablaremos, ni haremos ni dejaremos de hacer casi nada por amor.

Para soñar

Todas las ensoñaciones ideológicas de los totalitarismos embaucadores no pretendían recrear el infierno en la tierra, sino construir sociedades igualitarias y perfectas. Pero por el camino fácil de sustituir todas las posibilidades de la libertad del amor por la imposición de un autoritarismo que no deja resquicio ni a la gratuidad ni a la libertad.

48

Ama y haz lo que quieras. Si callas, callarás con amor; si gritas, gritarás con amor; si corriges, corregirás con amor, si perdonas, perdonarás con amor.

San Agustín

Para pensar

El problema del mundo, desde que el mundo existe, no es el mal que en el anida y se genera, sino que «en el mundo estaba, y el mundo fue hecho por él; y el mundo no le conoció. A los suyos vino, y los suyos no le recibieron» (Jn. 1, 10-11). Porque el amor se nos reveló para ser vivido, y aún más, se nos dio cuando el Verbo, la Palabra del Dios que es amor, «fue hecho carne y habitó entre nosotros» (Jn. 1, 14), para ser compartido con él.

Para actuar

Cantar al amor es fácil, vivirlo es otra cosa. Por eso, a los cristianos, que profesamos el amor que Dios nos tiene, Jesús nos dice: «Amad a vuestros enemigos, haced el bien a los que os aborrecen y orad por los que os persiguen y calumnian» (Mt. 5, 44), entre otras muchas consecuentes exigencias impopulares.

Para soñar

Lo más inteligente para conducir este mundo y para conducirse en este mundo hacia el mejor destino posible, hacia los «nuevos cielos y la nueva tierra» (Is. 65, 17) soñados y prometidos, es hacerlo en aquel barco donde sea profesado el amor, aunque además de profesarlo, hay que «remar mar adentro» (Lc. 5,4). Y no conozco otro barco así, que el barco de Pedro, el de la comunión de la Iglesia.

49 *El mundo va mal porque no ve caridad en quienes han profesado el amor.*

Gilbert Keith Chesterton

Para pensar

No solo es cierto que el amor a Dios es fundamento y motivación para amar al prójimo, sino también que el amor al prójimo es arranque y señuelo para amar a Dios. La razón es sencilla: Si Dios es amor, todo lo que es verdaderamente suyo nos lleva al amor, y todo lo que sea verdadero amor, nos lleva a él. Pero no solo a él, sino a toda la creación. El amor, porque es de Dios, nos lleva a descubrir, reconocer, penetrar, entender, profundizar, y escudriñar la realidad. El amor es el mejor libro donde estudiar, el mejor método científico que aplicar para el conocimiento, la llave que abre la puerta de todos los misterios, y sobre todo, la puerta misma de la sabiduría.

Para actuar

Decirle a alguien «te quiero», es lo mismo que decirle «no morirás jamás», decía Gabriel Marcel. No solo porque «no morirá en tu memoria», sino porque el amor nos abre la mirada a la fuente del amor, que es eterna, que es Dios, quien por amor no dejará que muera para siempre ninguno de sus amadísimos hijos.

Para soñar

«Ahora vemos las cosas como en un mal espejo y hay que adivinarlas, pero entonces las vemos cara a cara. Ahora conozco en parte, pero entonces conoceré como soy conocido. Ahora, pues, son válidas la fe, la esperanza y el amor; las tres, pero la mayor de estas tres es el amor» (1 Cor, 13, 12-13), decía San Pablo. Ese día no habrá que soñar con la fe y la esperanza, sino solo gozar con el amor.

50

Tú que todavía no ves a Dios, amando al prójimo haces méritos para verle. Con el amor al prójimo aclaras la pupila para mirar.

San Agustín

Para pensar

Por eso San Agustín, con gran tino, rezaba así: «No hay amistad verdadera sino entre aquellos que Tu aúnas entre sí por medio de la caridad». Y es que no hay mayor benevolencia y reciprocidad en el amor que la prometida por Aquel que dijo: «Donde dos o tres estén unidos en mi nombre, yo estaré en medio de ellos» (Mt. 18, 20) y «en eso conocerán que sois mis discípulos, en el amor que os tenéis los unos a los otros» (Jn, 13, 35).

Para actuar

Si quieres la amistad, no busques sino el amor desinteresado y benevolente, sin pretender nada a cambio. Solo así encontrarás amigos de verdad, porque encontrarás, a la par, la libre recompensa de querer, apreciar y acompañar, que es ser querido, apreciado y acompañado, es decir encontrarás el amor mutuo. Y aún más, por ende, encontrarás la unidad, que es el amor consumado.

Para soñar

La única red capaz de unir a los hombres, en verdad y en justicia, no es ni la red de las nuevas tecnologías de la comunicación, ni el resto de las redes de la globalización, aunque estas, si son solidarias, pueden ser buenas aliadas suyas. La única red capaz de unir a los hombres es la red de la amistad, pero de una amistad verdadera, que cierre los círculos —ensamblados hasta el infinito— de la donación, la reciprocidad y la comunión.

51

No todo amor tiene razón de amistad, sino el amor que entraña benevolencia, es decir, cuando de tal manera amamos a alguien que queremos para él el bien. Es preciso también que el amor sea mutuo, pues el amigo es amigo para el amigo.

Santo Tomás de Aquino

Para pensar

Porque la amistad cuenta con mucha dedicación, empatía y aprecio para que el conocimiento mutuo sea muy grande, pero sobre todo porque ese conocimiento es a la vez fruto de la confianza, y por tanto del amor mutuo; y origen de desvelo por el amigo, y por tanto, permanente ocasión de cercanía, apoyo y ayuda.

Para actuar

Si tu amistad no está aletargada, sino despierta y diligente, sabrás siempre tres cosas: cómo está tu amigo, si precisa tu atención, y como puedes ayudarle y respetarle a la vez.

Para sonar

Al menos hay un ámbito de propiedad personal y privacidad en la que nadie pone en duda que al compartirla no se pierde nada y todo se gana: es la puerta siempre abierta a la intromisión de la verdadera y fiable amistad. Buena escuela para aprender a compartir lo que somos y tenemos.

52 *Un amigo es el que adivina siempre cuándo se le necesita.*

Jules Renard

Para pensar

Se necesita mucho tiempo —y el tiempo es hoy un tesoro codiciado como nunca— no solo para escoger, sino para cultivar una amistad. En cambio, basta con que esa elección y esa labor no sean parejas, como para que haga falta muy poco tiempo para que una amistad sucumba.

Para actuar

San Pablo tiene el antídoto para no perder a un amigo, que no es otro que el secreto de la paciente fidelidad del amor: «El amor es paciente y muestra comprensión. El amor no tiene celos, no aparenta ni se infla. No actúa con bajeza ni busca su propio interés, no se deja llevar por la ira y olvida lo malo» (1 Cor. 13, 4-5).

Para soñar

El mayor motor del progreso es, paradójicamente, el principio de conservación: no mudes lo que va bien, no cambies lo que funciona bien, no te aventures a perder lo que ya sabes que es bueno, aunque no sea perfecto. Si con la buena amistad, con los buenos amigos, es aplicable este principio, con todos los beneficios personales y sociales de la amistad, ocurre lo mismo.

53 *Tómate tiempo en escoger un amigo, pero sé más lento aún en cambiarlo.*

Benjamin Franklin

Para pensar

Bien lo explicaba el beato Elredo: «Esta es la verdadera, la perfecta, la estable amistad: la que no se deja corromper por la envidia; la que no se enfría por las sospechas; la que no se disuelve por la ambición; la que, puesta a prueba de esa manera, no cede; la que, a pesar de tantos golpes, no cae; la que, batida por tantas injurias, se muestra inflexible».

Para actuar

Hay dos maneras de perder la amistad, porque hay dos tipos de falsa amistad: la posesiva y la superficial. La primera porque fuerza y aprieta; la segunda, porque se desvanece y olvida. Del mismo modo, hay dos maneras de conservar la verdadera amistad: no pretender ni reclamar nada de un amigo, y no dejar jamás de quererle y respetarle, y asegurarte de que sabe que estás ahí, siempre a su lado.

Para soñar

Todo lo auténtico es duradero: la amistad, como forja de unión entre dos personas, y la comunión o la unidad, entre muchos, porque todas las grandes hazañas y maravillas del mundo no fueron posibles sin el concurso de la amistad y la unidad.

54 *La amistad que puede acabar nunca fue verdadera amistad.*

San Ambrosio

Para pensar

La corrección fraterna es un regalo delicadísimo e impagable, pero ha de ser, por un lado, para que sea verdadera corrección y no juicio, precisa, y por tanto previamente meditada y acrisolada en el horno de la prudencia y la moderación. Y por otro lado, para que sea verdaderamente fraterna, ha de estar imbuida de auténtica caridad, sin otro propósito y sin otro estilo que el del amor. Por eso es también verdad que la auténtica amistad no adula, porque la adulación —que no el estimulo— es siempre interesada.

Para actuar

«Debemos, pues —dice San Agustín—, corregir por amor, no con deseos de hacer daño, sino con la cariñosa intención de lograr su enmienda». Algunos han sabido esperar años hasta, seguros de su pureza de intención, corregir a quien querían.

Para soñar

Si el espíritu de la corrección fraterna se llevase a la vida social, por un lado habría menos conflictos, porque habría más conciliaciones; y por otro lado, habría menos disparates y desatinos, porque habría ocasión a más reparaciones.

55 *Quien es verdaderamente amigo, alguna vez corrige, nunca adula.*

San Bernardo

Para pensar

Amenazados por la «cultura de la sospecha», no solo la duda racional y ponderada tiende a confundirse con la duda sistemática y obsesiva, sino que se extiende como la niebla la epidemia de la desconfianza, raíz de tantas historias personales, familiares y sociales rotas para siempre. No tengo la menor duda de preferir arriesgar a sufrir el fingimiento que dejarme arrastrar por el desengaño. Y de que me avergonzaría de lo contrario.

Para actuar

Desconfiar es juzgar, juzgar es condenar, condenar es despreciar. Todo este proceso puede darse en un instante en tu interior, y luego, de un modo o de otro, llegará sin duda a dañar a tu amigo. En cambio, frenar el pensamiento desleal, restituir, confiar, en tu interior, servirá luego, sin duda, para crecer en la amistad con él.

Para soñar

Cada vez que oigo eso de «piensa mal y acertarás», pienso que una piedra de tropiezo más se ha puesto en el camino. Pero no solo en el camino de quien lo haya dicho o lo hayamos confirmado, sino en el camino entero de la humanidad. Ninguna cosa, ni pequeña ni grande, podría construirse desde la desconfianza. Prefiero «piensa bien, y aunque te equivoques, acertarás». Porque acertarás al haber jugado tus cartas en el bando de la prosperidad.

56

Es más vergonzoso desconfiar de nuestros amigos que ser engañados por ellos.

François de La Rochefoucauld

Para pensar

A su modo, y aunque este sea completamente distinto, en la relación de amistad se da también un tipo de compromiso que podría reconocerse en las palabras del compromiso matrimonial: en la salud y en la enfermedad, en la riqueza y en la pobreza, etc. Y es que la amistad, a su modo, hace más alegres las alegrías, y hace menos penosas las penalidades, porque lo grato compartido se multiplica, y lo ingrato, se con-divide.

Para actuar

La presencia del amigo en la tribulación no impide, ni puede impedir, el dolor, pero sí lo conlleva, y por tanto, lo comparte. El amor siempre consuela, porque acerca a la pérdida, sin que pueda nunca ser restituida, una ganancia, o la perseverancia de una ganancia, de un «bien presente» que es el amor del amigo. Y este bien, que se manifiesta más con el silencio que con las palabras, más con los gestos de cariño que con los de la emoción, no se improvisa: es o no es. Pero si es, es fuerte, y es para siempre.

Para soñar

El mundo sufre, sobre todo, de soledad. Hasta las injusticias sociales son fruto de la soledad, fruto de la desatención de los desolados. Y si la soledad amarga las alegrías, se enloquece con la tribulación. Los caminos más arduos de este mundo, el de la paz, la justicia, la libertad, se hacen deshaciendo, hilo a hilo, cada soledad.

57

La amistad hace los sucesos prósperos más dulces y templa los adversos por la compañía y los hace más leves. Porque mientras en la tribulación recibimos el consuelo no se quebranta ni se desespera el espíritu.

San Isidoro de Sevilla

Para pensar

Esto sería verdadero tanto para la vida de cada uno como para la vida de la humanidad entera. Pero gracias a Dios es improbable, porque si, como dice San Ireneo, «la amistad divina es causa de inmortalidad para todos los que entran en ella», basta al menos entrar en esta que es fuente de toda amistad verdadera para saber que es eterna, y por tanto, no se apagará el sol.

Para actuar

Sin llegar a pensar en lo que podríamos ganar en la vida sin amigos, solo con perder en el horizonte de nuestros deseos y anhelos más profundos el valor de la amistad, deberíamos temer el mayor de los infortunios, la plomiza oscuridad de una noche sin fin, el sinsentido de una vida apagada. Y así, aun cuando el amor se apague, que el temor nos despierte para la amistad.

Para soñar

Aunque a veces, como dice una canción, es más fácil llegar al sol que al corazón, bien sabemos que antes dejará de darnos luz y calor, sin necesidad de llegar a él, que desaparezca la amistad —y por tanto la bondad— de la faz de la tierra. Si bien no siempre, en todo lugar y momento, seamos capaces de alcanzarla.

58 *Si la amistad desapareciera de la vida sería lo mismo que si se apagara el sol.*

Marco Tulio Cicerón

Para pensar

Sería verdad que la vida es un valle de lágrimas, si no fuera porque de ese valle salen los sombreados y alegres caminos de la amistad compartida. El secreto de la amistad verdadera, como el de la vida, no está en huir del dolor, sino en poder compartirlo, y poder volver a empezar cuando nos paraliza gracias a los demás.

Para actuar

No dejes de acudir al encuentro de un amigo cuando lo esté pasando mal, aunque no te llame, y aunque no sepas muy bien cómo ayudarlo. Tampoco dejes de acudir a él si te llama para compartir su alegría, porque aunque te cueste menos hacerlo, si vas desinteresadamente, es más grande el don de tu compañía que el don de su generosidad, y es que la única felicidad perdurable de los bienes efímeros es que sean la excusa para ser compartidos.

Para soñar

La gran revolución social, lenta pero firme, no viene ni vendrá por la violencia, sino por la naturaleza de los hombres: los egoístas que se hicieron ricos, y los ricos que se hicieron egoístas, fácilmente tienen amigos interesados, pero difícilmente sinceros. En cambio, los pobres son siempre amigos de los pobres, en lo que hay, adversidad tras adversidad. Pero su amistad es promesa de prosperidad.

59

Amigos sinceros son los que en la prosperidad acuden si son llamados; y en la adversidad acuden sin que se les llame.

Demetrio I de Macedonia

Para pensar

Ya decía San Juan de la Cruz que «el alma sola, sin maestro, que tiene virtud, es como el carbón encendido que está solo: antes se irá enfriando que encendiendo... Y el que cae ciego, solo no se levantará; y si se levanta solo, encaminará por donde no conviene».

Para actuar

No hay mejor consejo que este: elige bien tus amigos, y sobre todo, elige bien a quienes de ellos vayas a considerarlos además maestros. En nada emplearemos mejor la libertad, porque somos más libres cuando elegimos el camino a seguir, que cuando decidimos dar cada paso para recorrerlo.

Para soñar

El secreto de los santos no consiste en haber sido amigos de otros santos, sino en haber elegido como amigos a los que nadie quiso como amigos. Los últimos, los más pobres, los que sufren, los que están solos. «Haz, Dios mío —rezaba Chiara Lubich—, que pueda ser en el mundo sacramento tangible de tu amor: ser tus brazos, que atraen y llegan a convertir en amor toda la soledad del mundo».

60

Cada uno muestra lo que es en los amigos que tiene.

Baltasar Gracián

Fe

y Esperanza

Fe y Esperanza

La fe es un don de lo alto, pero conservarla, profundizarla, y sobre todo hacerla vida, es una virtud. El cardenal François-Xavier Nguyen van Thuan (1928-2002) pasó trece años en un campo de concentración vietnamita. Celebraba la misa en la palma de la mano, contagiaba su fe a sus guardianes que querían saber el secreto de su alegría, apretaba con sus manos la cruz que se hizo con un trozo de alambrada, y en los momentos peores susurraba un himno martirial: «Son abatidos por la espada como si fueran ovejas. No lanzan ninguna protesta ni queja. Con corazón intrépido su espíritu, plenamente consciente, conserva la paciencia». En el año 2000 dirigió los ejercicios espirituales al resto de los cardenales. Y oró así: «No estoy acostumbrado a hablar con abundancia de la fe. Soy un ex presidiario». Aún hoy, la transcripción de aquellos ejercicios sigue fortaleciendo a muchos hombres y mujeres que sufren persecución por su fe.

En lado opuesto del mundo, en Brasil, una esquina de la ciudad de Guaratinguetá era evitada por todos menos por los jóvenes toxicómanos, y por Nelson Rosendo, joven como ellos, que en lugar de cruzar a la otra acera, los trata con cariño. Un día, uno de estos jóvenes drogadictos le dijo: ¿Por qué eres distinto, por qué hablas con nosotros, por qué eres feliz? Antonio fue el primero en ir a su casa para rehabilitarse. En una granja cercana nace la primera de las Fazendas de la Esperanza, el único lugar del mundo donde un 84% de los que entran dejan definitivamente las drogas. No hay truco. Junto a Fray Hans comunican a estos jóvenes un ideal que ninguna droga es capaz de arruinar, el ideal que le había llevado a Fray Hans a consagrarse al servicio de los más pobres, el ideal del que se había contagiado Nelson y le había llevado a no cambiarse de acera, el ideal de una fe que se hace esperanza.

Para pensar

La inmensa mayoría de nuestras certezas, certezas sobre las realidades empíricas y certezas sobre las intangibles, no provienen de una comprobación visual, no las tenemos porque las hayamos visto con los ojos. Aunque gran parte de ellas sí que las hayamos visto de otro modo, con la mirada interior, y sí las hayamos verificado en nuestra experiencia vital. En cualquier caso, si solo creyésemos lo visto y lo oído físicamente, no podríamos ni decir, ni hacer, ni perseguir, ni esperar nada en la vida.

Para actuar

«¿Crees porque has visto? Dichosos los que creen sin haber visto» (Jn. 20, 29). No hay hombre sin fe. Podrá tener poca, hasta querer rehusarla, o mucha, hasta sostenerle en cualquier tribulación. En uno o en otro caso, y en los infinitos casos intermedios, la fe no se actúa, pero sí se pide como don —«Señor, auméntanos la fe» (Lc. 17, 5)— y se cultiva como virtud —«el justo vivirá por la fe» (Rom. 1, 17).

Para soñar

«Os aseguró que si tuvierais una fe del tamaño de un grano de mostaza, diríais a este monte: trasládate allá, y se trasladaría; nada os será imposible» (Mt. 17, 20).

61

Si uno no quisiera creer más que lo que conoce, ni siquiera podría vivir en este mundo. ¿Cómo podría vivir sin creer a alguien?

Santo Tomás de Aquino

Para pensar

Solo el juicio del corazón el hombre es capaz de cambiarlo. Y solo entonces, si el juez fue justo en su sentencia, a lo sumo este la confirmará. Nadie lucha por dar de comer a sus hijos por un juicio de la razón, propio o ajeno, sino por un juicio del corazón. No otra cosa es la fe que un juicio del corazón que responde a la sed de verdad, de justicia, de valor por la propia vida y la vida del mundo. Un juicio del corazón que, una vez activado, no tiene ningún problema en cargarse de razón.

Para actuar

Confiamos desde niños en el amor de nuestros padres. Confiamos sin dudar en la palabra de nuestro mejor amigo. Confiamos en la infinita bondad de Dios. Ninguna de estas «confesiones» va precedida de complejas reflexiones, deductivas o inductivas. En cambio, nos parecen tan cargadas de razón, que a ninguno nos costaría explicarlas si nos preguntasen por ellas.

Para soñar

¡Qué miedo un mundo de fríos razonadores y calculadores sin corazón! ¡Qué distinto un mundo cuya fe y esperanza les llevase a amar y a confiar en la fe, el amor y la esperanza de los demás!

62 *Un juez no hace honrados a los hombres, sino que los absuelve y los rehabilita; de la misma manera, la razón no tiene por qué estar en el origen de la fe, tal y como esta existe en las personas que creen, aunque la comprueba y la verifica.*

John Henry Newman

Para pensar

Ya decía Juan Pablo II que «una razón que no tenga ante sí una fe adulta no se siente motivada a dirigir la mirada hacia la novedad y radicalidad del ser». Y no otra cosa defiende con uñas y dientes quien tiene una fe adulta, sin la cual todo perdería sentido y razón de ser, y que no se achica ante la ciencia y la inteligencia de las cosas, sino que goza al comprobar que todas sus verdades encajan con las de la fe en un sabio y bello mosaico que explica el sentido de su vida.

Para actuar

Cierra los oídos a los instigadores de la sospecha, que te podrían llevar por un túnel sin fin de oscuridad y soledad. Te susurrarán que sospeches de quienes te piden ayuda, porque quieren aprovecharse de ti. Te susurrarán que sospeches de tu corazón cuando te enamores, porque si te entregas por amor a alguien, perderás tu autonomía y libertad. Te susurrarán que sospeches de la fe en un Dios que quiera entrar en tu vida, porque le tendrás que ceder tu puesto de sentirte el centro del mundo alrededor del cual todo y todos han de girar. Te susurrarán que no des crédito a promesas que no te puedan asegurar demostrativamente, porque no podrás prever suficientemente su beneficio y utilidad.

Para soñar

Pero no hemos sido hechos libres para que la sospecha nos paralice, sino para que la fe y la razón juntas nos hagan arriesgados y aventureros buscadores de felicidad.

63 *La fe es la gran amiga de nuestro espíritu y puede hablar alto a las ciencias humanas, que se envanecen de ser más evidentes y claras que ella, como la esposa sagrada hablaba a las otras pastoras: Yo soy morena, pero hermosa.*

San Francisco de Sales

Para pensar

Sin razón, no hay sitio para la fe. Y sin fe, no hay sitio para la razón: «Una cultura meramente positivista que circunscribiera al campo subjetivo como no científica la pregunta sobre Dios, sería la capitulación de la razón, la renuncia a sus posibilidades más elevadas y consiguientemente una ruina del humanismo, cuyas consecuencias no podrían ser más graves (...) La búsqueda de Dios y la disponibilidad para escucharle, sigue siendo aún hoy el fundamento de toda verdadera cultura» (Benedicto XVI).

Para actuar

Ya decía Juan Pablo II que «algunos, abandonando la búsqueda de la verdad por sí misma, han adoptado como único objetivo el lograr la certeza subjetiva o la utilidad práctica. De aquí se desprende como consecuencia el ofuscamiento de la auténtica dignidad de la razón, que ya no es capaz de conocer lo verdadero y de buscar lo absoluto». Si abandonas la razón, pierdes la fe. Y si abandonas la fe, pierdes la razón. Sin ellas, se pueden hacer muchas cosas útiles, pero no verdaderas.

Para soñar

Comparando el mundo griego que conoció San Pablo con la sociedad moderna, dice Benedicto XVI: «Para muchos, Dios se ha convertido realmente en el gran desconocido. Pero como entonces tras las numerosas imágenes de los dioses estaba escondida y presente la pregunta acerca del Dios desconocido, también hoy la actual ausencia de Dios está tácitamente inquieta por la pregunta sobre Él. *Quaerere Deum* —buscar a Dios y dejarse encontrar por Él: esto hoy no es menos necesario que en tiempos pasados».

64 *Hasta donde hemos perdido la creencia, hemos perdido la razón.*

Gilbert Keith Chesterton

Para pensar

Que quien te quiere necesita de ti más amor es algo que está ahí, delante de tus ojos, aunque en tu oscuridad no lo veas. Cuáles son tus defectos y tus méritos, ahí están también, a la vista de todos, y a la vista de tu mirada interior, aunque en tu ofuscación no los veas. Que tu vida tiene un sentido y un destino, están allí, aunque en tu oscuridad no lo veas.

Para actuar

No otra cosa necesitas que la antorcha de la fe, que iluminando tu corazón, tu vida, tu casa, tu mundo, te ayude a ver, y viendo, a seguir el camino de tu libertad.

Para soñar

En el camino del progreso de la humanidad, de la consecución de la justicia, de la paz y la reconciliación entre los hombres y los pueblos... no hacen falta más señales, sino luz, luz para ver las señales y los mapas, pero sobre todo luz para vernos todos los que caminamos juntos, y luz para ver la dirección, el sentido y la meta del camino. Y esta luz es la fe.

65

La fe se asemeja a una antorcha, porque por ella se ilumina la marcha del hombre interior.

San Remigio

Para pensar

La fe que no es virtuosa no es fe, sino deformación de la fe o ensoñación sin fundamento. Una fe así tampoco sería consuelo, sino anteojo del drama humano y del dolor. En cambio, la verdadera fe es virtud primera y motor de todas las virtudes, porque solo abre puertas al bien de uno y de los demás. Y es consuelo, porque le enseña al hombre el horizonte de sus dolores y fracasos, y este es un horizonte de esperanza.

Para actuar

Si te alejaste de la fe, búscala y encárala para que responda a tus dudas. Si jamás la conociste, no le tengas miedo. Si la tienes pero no crees que sea fuente de virtud y de consuelo, despiértala, porque tal vez la hayas dejado dormir, y estarás abatido por intentar ser virtuoso sin ella o mantenerte en pie sin su consuelo. Escucha cómo te llama: «Venid a mí todos los que estáis cansados y agobiados, y yo os aliviaré» (Mt. 11, 28).

Para soñar

Cuando la fe y la vida se encuentran, ninguna es capaz de existir sin la otra. La fe sin la vida, sin hacerse vida, se arrincona en algún lugar del conocimiento o del corazón, y enmudece, hasta que muy de vez en cuando, se levanta levemente para volver a su inerte letargo. Y la vida sin fe se convierte en una ardua lucha sin sentido. En cambio, con la fe, la vida encuentra razones para la esperanza, y fortaleza en la desesperación.

66

Si la fe no fuera la primera de las virtudes, sería siempre el mayor de los consuelos. Es ambas cosas.

Cecilia Böhl de Faber

Para pensar

El mismo místico nos explica por qué la fe es faro del alma y por qué el amor es su brújula. Porque si «Dios es luz sobrenatural de los ojos del alma y sin ella está en tinieblas», «el alma sale para ir detrás de Dios, sale de todo pisoteando y despreciando todo lo que no es Dios. Y sale de sí misma olvidándose de sí por amor de Dios».

Para actuar

Por eso, como el mismo místico nos propone: «No quieras que te llene nada que no sea Dios. No desees gustos de Dios. No desees tampoco entender de Dios más de lo que debas entender. La fe y el amor serán los lazarillos que te llevarán a Dios por donde tú no sabes ir».

Para soñar

Alguien le dijo una vez a la beata Teresa de Calcuta, al verla limpiar a un leproso, que no sería capaz de hacer lo que ella hacía ni por todo el dinero del mundo. Ella contestó: «Yo tampoco». Santa Teresa de Jesús bien lo hubiera entendido: «El amor de contentar a Dios y la fe hacen posible lo que por razón natural no lo es».

67

La fe son los pies que llevan a Dios al alma. El amor es el orientador que la encamina.

San Juan de la Cruz

Para pensar

Porque no son pocos los que, hasta hacer de ello vida de su vida, se supieron identificados con San Pablo: «¿Quién podrá apartarme del amor de Cristo? ¿La angustia? ¿La persecución? ¿El hambre? ¿La desnudez? ¿El peligro? ¿La espada? En todo esto vencemos fácilmente por Aquel que nos ha amado» (Rm. 2, 35-37); o con Josefina Bakhita, esclava, convertida a la fe cristiana, mucho antes de saber que iba a ser liberada: «yo soy definitivamente amada, suceda lo que suceda».

Para actuar

Dice a este propósito Benedicto XVI que «el ser humano necesita de un amor incondicionado. Necesita esa certeza que le hace decir: ni muerte, ni vida, ni ángeles, ni principados...». No puede haber en el mundo mayor libertad que la de aquel que puede, en todo momento, levantarse ante amigos y enemigos, y con una serenidad imponente, una seguridad irrevocable, y una misericordia arrolladora, decir: aunque me quiten todo, y aunque me quiten la vida, nada ni nadie podrá quitarme el tesoro que me hace feliz.

Para soñar

Solo un mundo en el que los hombres se sepan no solo hermanos unos de otros, sino servidores unos de otros, y al mismo tiempo, sin reconocer entre ellos otro rey que aquel que los ha hecho a todos participes de su realeza, se habrá encaminado hacia «la libertad, la igualdad, y la fraternidad», consigna revolucionaria que aún no ha conseguido ninguna revolución que solo haga súbdito a algún poderoso y poderosos a algunos súbditos.

68

Amenazas, lisonjas, esperanza de vida, temor a la muerte, guardias, corte, emperador, autoridades, no sirvieron de nada: hombres y demonios fueron impotentes ante ellos. Su tenaz firmeza en la fe recibida los hizo dignos, a los ojos del Señor, de una gran recompensa.

San Vicente de Lérins

Para pensar

La santa no necesitó muchos argumentos para llegar a esta conclusión. Venía de suyo de la experiencia al corazón, y del corazón a la mente y a los labios. Pero si hubiera tenido que buscar una explicación, bien podría haber dicho algo parecido a lo que, por su parte, John Henry Newman dijo tres siglos después: «Puesto que Dios puede hacer todas las cosas, yo puedo creer todas las cosas. Nada es demasiado difícil para que Él lo haga, y nada es demasiado difícil para que yo lo crea».

Para actuar

No hay mejor explicación de la consecuencia vital de esta sentencia de la santa abulense que recitar los versos que la preceden: «Nada te turbe, nada te espante, todo se pasa, Dios no se muda, la paciencia todo lo alcanza».

Para soñar

Hacen falta muchos hombres y mujeres libres de toda atadura, de toda necesidad, de toda seguridad, para darse de tal modo a los demás que, al contagiarles este gusto por el único bien que sacia totalmente nuestra sed, puedan compartir con generosidad y desprendimiento todos los demás dones que de él proceden.

69

Quien a Dios tiene, nada le falta, solo Dios basta.

Santa Teresa de Jesús

Para pensar

Si lo que creemos da sentido a nuestro pasado y fortaleza a nuestro presente es porque nos hace mirar el futuro con esperanza, un futuro por más que prometido, prometedor de bienes inefables. ¿Y qué esperamos sino aquello en lo que hemos puesto la fe? Porque nadie tiene esperanza sino desesperanza en el infortunio. Solo la fe en un amor más grande que todo lo que nos da la vida y que todo lo que nos quita, es digno de esperanza.

Para actuar

Dime en qué crees, y te diré en qué tienes puesta tu esperanza. Dime qué esperas en la vida, y te diré qué es en lo que crees, o quién es en quien crees. Pide la fe, y gozarás de la esperanza. Busca los caminos que merezcan tu esperanza, y encontrarás la senda de la fe.

Para soñar

No queramos un mundo en el que todos tengan fe a toda costa, o en el que todos sin motivo huyan de la desesperanza. Persigamos un mundo en el que la fe buscada dé testimonio de la esperanza anhelada, y en el que la esperanza asentada dé testimonio de la fe acercada.

70 *No creemos sino lo que esperamos. No esperamos sino lo que creemos.*

Miguel de Unamuno

Para pensar

Decía Benedicto XVI que «el presente, aunque sea fatigoso, se puede vivir y aceptar si lleva hacia una meta, si podemos estar seguros de esa meta, y si esa meta es tan grande que justifique el esfuerzo del camino». Albergar esperanza no es creer que las cosas van a ser cómo a nosotros nos gustarían que sean. Albergar esperanza supone saber que más allá de nuestras ilusiones y propósitos, lo mejor para nosotros y para los demás está por venir.

Para actuar

No esperes lo que te conviene, sino lo que conviene al bien. Si aún así ves frustradas tus esperanzas, has de saber mirarlas en el horizonte de una esperanza más grande, esa que no puedes dejar que se extinga, porque si se extingue no solo carecerán de sentido los fracasos, sino que tampoco tendrán sentido los éxitos.

Para soñar

Decía Victor Frankl recordando su paso por Auschwitz: «La máxima preocupación de los prisioneros se resumía en una pregunta: ¿sobreviviremos al campo de concentración? De lo contrario, todos esos sufrimientos carecerían de sentido. La pregunta que a mí personalmente me angustiaba era esta otra: ¿Tiene algún sentido todo este sufrimiento, todas estas muertes? Si carecen de sentido, entonces tampoco lo tiene sobrevivir al internamiento. Una vida cuyo último y único sentido consistiera en superarla o sucumbir; una vida, por tanto, cuyo sentido dependiera, en última instancia, de la casualidad no merecería en absoluto la pena de ser vivida».

71

Es necesario esperar, aunque la esperanza haya de verse siempre frustrada, pues la esperanza misma constituye una dicha, y sus fracasos, por frecuentes que sean, son menos horribles que su extinción.

Samuel Johnson

Para pensar

«La puerta oscura del tiempo, del futuro, ha sido abierta de par en par. Quien tiene esperanza vive de otra manera: se le ha dado una vida nueva», nos dice Benedicto XVI. Quien tiene esperanza, por tanto, no sueña, sino que es el más despierto e inquieto de entre los hombres, porque tiene una razón para vivir.

Para actuar

Muchos hombres se afanan en hacer muchas cosas para llenar una vida sin meta ni sentido, o porque creen que en estas cosas encontrarán esa meta y ese sentido. Más inteligente es buscar en la vida primero los motivos para tener esperanza. Y una vez encontrada y abrazada, hacer todo lo que podamos hacer, pero no a tontas y a ciegas, sino reconociendo su verdadero provecho.

Para soñar

San Ambrosio, dice: «No sabemos lo que queremos realmente; no conocemos esta verdadera vida, y sin embargo, sabemos que debe existir un algo que no conocemos y hacia el cual nos sentimos impulsados». Y es que, «aunque los ojos de los hombres fueron atormentados, su esperanza está llena de inmortalidad» (Sab. 3, 4).

72 *La esperanza es el sueño del hombre despierto.*

Aristóteles

Para pensar

Si viéramos con claridad meridiana la tierra a la que se dirige el barco de nuestra vida, no necesitaríamos esperanza para remar, sino solo diligencia.

Para actuar

Por eso es por lo que para tener esperanza hay que tener fe, o como diría Benedicto XVI, «la fe es la sustancia de la esperanza». Pero no una fe ciega, sino sabia. Porque, como dice también el Papa, «la fe no es solamente un tender de la persona hacia lo que ha de venir, y que está todavía ausente; la fe nos da algo. Nos da ya ahora algo de la realidad esperada, y esta realidad presente constituye para nosotros una prueba de lo que aún no se ve».

Para soñar

No son las utopías —lugares que no existen por definición— las que mueven la esperanza, sino las «topías», lugares reales, aunque haya que atravesar la niebla de este mundo para verlas.

73

La esperanza hace que agite el náufrago sus brazos en medio de las aguas, aun cuando no vea tierra por ningún lado.

Ovidio

Para pensar

Hay dudas, desilusiones, e incluso angustias, que pueden ser momentáneamente disipadas por la luz del sol de la mañana, pero al llegar la noche, metáfora diaria del ocaso de la vida, timbre del corazón que llama al silencio, es donde se entabla la batalla interior de la esperanza. Por un tiempo la noche se puede esquivar, o enajenar, pero al final llega y hay que hacerle frente, dejar que nos interrogue, no para enloquecer, sino para dejarse vencer por la esperanza.

Para actuar

Revístete cada mañana con el vestido de la palabra que da sentido a la vida, para protegerte de las inclemencias y conducirte durante el día arropado por la fe. Y al final del día, despójate de los apegos de las falsas esperanzas acumulados a lo largo de la jornada, y delante de tu Hacedor, recobra en la desnudez de tu alma, el secreto de tu esperanza.

Para soñar

Con San Juan de la Cruz, ojalá podamos reconocer: «Aquella eterna fonte está escondida, que bien sé yo do tiene su manida, aunque es de noche (...) Sé que no puede ser cosa tan bella, y que cielos y tierra beben de ella, aunque es de noche (...) Su claridad nunca es oscurecida, y sé que toda luz de ella es venida, aunque es de noche (...) Aquí se está llamando a las criaturas, y de esta agua se hartan, aunque a oscuras porque es de noche».

74 *Si la mañana no nos desvela para nuevas alegrías y, si por la noche no nos queda ninguna esperanza, ¿es que vale la pena vestirse y desnudarse?*

Johann Wolfgang von Goethe

Para pensar

¿Consuelo para el infortunio? Mejor, llamada a discernir por la lógica de la esperanza el valor de las tenencias. Es más, son los pobres de espíritu los bienaventurados por el don de la esperanza, porque, como dice San Juan de la Cruz, aunque el hombre «todo lo tenga, nada le llena. Y cuantas más cosas tiene, está menos satisfecho. La satisfacción del corazón no está en tener cosas, sino en estar desnudo de todo y en la pobreza del espíritu».

Para actuar

Por eso, bien venido sea el consejo de San Gregorio Magno: «Tengamos las cosas temporales para uso, las eternas para el deseo; sirvamos las cosas terrenas para el camino, y deseemos las eternas para el fin de la jornada. Miremos como con indiferencia todo lo que se hace en este mundo. Miren adelante los ojos del alma, fijándose con toda su fuerza en aquello a que nos dirigimos».

Para soñar

«Vive mejor el pobre dotado de esperanza que el rico sin ella», dice Ramón Llull, pero si por la esperanza somos todos igualados, es para que poniendo todos esa esperanza en lo que verdaderamente reconforta, que no son las riquezas, seamos todos igualados por su desprendida y proporcionada posesión.

75

La esperanza es el único bien común a todos los hombres; los que todo lo han perdido la poseen aún.

Tales de Mileto

Para pensar

La luz de la esperanza disipa las dudas, las desconfianzas y las incredulidades, como se despejan las nubes cuando la tormenta da paso a la claridad del día. No desaparecen porque una a una las hayamos podido analizar minuciosamente, o hayamos una a una descubierto la inconsistencia de su temeridad, sino porque la luz, no de cualquier esperanza, sino de la esperanza que no defrauda, las expulsa de nuestra mirada interior.

Para actuar

Si no te satisface como tienes tu casa interior, no pierdas el tiempo cambiando esta o aquella cosa de sitio. Sal de ella, y busca aquel hogar anhelado por tu alma en el que te descubras feliz.

Para soñar

Así como los habitantes de los pueblos que viven en un clima más soleado son más dados a la alegría de compartirlo todo, así los que encuentren el sol que jamás se oculta de su corazón, contagiarán por doquier su alegría y su libertad, porque, como nos dice Benedicto XVI, «nuestra esperanza es siempre y esencialmente también esperanza para los otros; y solo así es realmente esperanza también para mí».

76

La esperanza es como el sol,
que arroja todas las sombras
detrás de nosotros.

Samuel Smiles

Para pensar

Y además, como dice un poema de Francisco de Portugal: «Si alguien desea placer, viva siempre en no esperar, pues que el modo de perderlo podrá a lo sumo alcanzar».

Para actuar

Decía el poeta Manuel Osorio y Bernard que «el despreciar los placeres es siempre el placer mayor». Cierto es, no porque haya que despreciar todos los placeres, sino porque en discernir su querencia y en no dejarse poseer por ellos, es delicia mayor en la medida en que es el contentamiento de la conquista de la libertad.

Para soñar

De una esperanza a otra vuela el espíritu humano en libertad y próvidamente. Pero no cuando se trata de esperanzas ilusorias y transitorias, que a fuerza de sucederse y al sucumbir nos ahogan, sino de esperanzas que se enzarzan unas con otras porque todas juntas tejen el vuelo hacia una esperanza última y excelsa.

77

Los vuelos naturales del espíritu humano no van de placer a placer, sino de una esperanza a otra.

Samuel Johnson

Para pensar

Porque aunque la esperanza es un don, y un don es también lo que se espera, hay dos trabajos necesarios para alcanzarla: el de la fe para mantenerla, y el de no quedarse quieto, sino encaminarse en su dirección. Y es cierto que, en los túneles de la vida, cuanto más cerca estamos de alcanzar lo esperado, parece que es aún mayor el tramo que nos falta.

Para actuar

Y además del empeño en estos dos trabajos, como exhorta San Ignacio de Loyola: «Orad como si todo dependiese de Dios y trabajad como si todo dependiese de vosotros».

Para soñar

Pero sabemos que la fatiga grande con sentido y con finalidad es más llevadera que la pequeña sin ellos. Y si bien de las fatigas no nos podemos escapar, sí podemos librarnos del sinsentido de la vida para entenderlas y afrontarlas.

78

Tanto más fatiga el bien deseado cuanto más cerca está la esperanza de poseerlo.

Miguel de Cervantes

Para pensar

Dice Benedicto XVI que «La verdadera, la gran esperanza del hombre que resiste a pesar de todas las desilusiones, solo puede ser Dios, el Dios que nos ha amado y que nos sigue amando hasta el extremo, hasta el total cumplimiento». Y «quien no conoce a Dios, aunque tenga múltiples esperanzas, en el fondo, está sin esperanza, sin la gran esperanza que sostiene toda la vida», porque «cuando estas esperanzas (terrenas) se cumplen, se ve claramente que esto, en realidad, no lo era todo. Está claro que el hombre necesita una esperanza que vaya más allá».

Para actuar

Podría confesar con Juan Pablo I que «yo no me siento solo, ni inútil, ni abandonado, sino implicado en un destino de salvación». No encuentro otra razón mejor para cultivar la esperanza.

Para sonar

La esperanza en este amor sin medida, no solo llena la totalidad de la persona, sino la totalidad de lo que espera la humanidad, por eso, como dice también Benedicto XVI: «Esta vida verdadera, hacia la cual tratamos de dirigirnos siempre de nuevo, comporta estar unidos existencialmente en un pueblo, y solo puede realizarse para cada persona dentro de ese pueblo».

79 *Toda mi esperanza estriba solo en tu gran misericordia.*

San Agustín

Para pensar

Si a esa sucesión la llaman progreso, habría que reconocer con Benedicto XVI que «todos nosotros hemos sido testigos de cómo el progreso, en manos equivocadas, puede convertirse, y se ha convertido de hecho, en un progreso terrible en el mal. Si el progreso técnico no se corresponde con un progreso en la formación ética del hombre, con el crecimiento del hombre interior, no es un progreso, sino una amenaza para el hombre y para el mundo».

Para actuar

En cambio, la esperanza que anhela todo pueblo es distinta, está en las ideas y en los proyectos humanos que sean conformes a su verdadera dignidad, y por tanto, a su Hacedor.

Para soñar

El verdadero progreso humano está en la sustitución de las esperanzas puestas en los cambios estructurales, a las esperanzas puestas en el cambio del corazón de los hombres, porque, como dice Benedicto XVI: «El tesoro moral de la humanidad no está disponible como lo están en cambio los instrumentos que se usan; existe como invitación a la libertad y como posibilidad para ella. Si hubiera estructuras que establecieran de manera definitiva una determinada —buena— condición del mundo, se negaría la libertad del hombre, y por eso, a fin de cuentas, en modo alguno serían estructuras buenas».

80

Los pueblos viven sobre todo de esperanzas. Sus revoluciones tienen por objeto sustituir con esperanzas nuevas las antiguas que perdieron su fuerza.

Gustave Le Bon

Gratitud

y Perdón

Gratitud y Perdón

Desde que en medio de los bombardeos de la guerra en la ciudad de Trento, Chiara Lubich (1920-2008) acudía con sus amigas hasta once veces al día al refugio antiaéreo, para leer a la luz de una vela el Evangelio, y para vivirlo en el amor concreto, hasta el final de su vida, no vivió sino por poner en práctica una de sus palabras, en la que Jesús pide al Padre: «Que todos sean uno, para que el mundo crea» (Jn. 17, 21), uniendo para el amor a hombres de todos los pueblos y religiones. Su vida fue la de quien ha conocido el amor de Dios, y no ha sido otra cosa que puro agradecimiento a Él. Ella es la imagen misma de la gratitud. Un día alguien la preguntó: «¿Cómo se imagina el cara a cara con Dios?», y ella contestó recordando la letra de una oración suya cantada por el Gen Verde: «Cuando esté a tu puerta y tú me preguntes mi nombre, te diré solo: gracias por todo y por siempre. Este es mi nombre».

Y el rostro del perdón yo lo conocí un día en Iván, cuando contaba su testimonio en un Gen Fest ante miles de jóvenes de todo el mundo: el testimonio de un joven soldado croata que volvía una fría mañana de invierno al campo de batalla, mientras sus ojos no podían dejar de humedecerse, porque por dentro estaba deshecho: venía de ver los cuerpos de sus padres y de sus hermanas, maltratados, mutilados, asesinados. Por sus venas pasaban todo tipo de sensaciones: odio, rencor, deseo de venganza, desesperación. Pero Iván apretaba entre sus manos un rosario que siempre llevaba en el bolsillo. Lo acariciaba poco a poco mientras su llanto empezaba a parecerse más al llanto de su infancia. Y comenzó a susurrar una y otra vez la palabra que nunca a nadie le costó más pronunciar: perdón. Y en la trinchera empuñó un arma que era ya un peso inútil, porque había decidido no disparar más a matar.

Para pensar

Detrás de cada vaso de agua con que nos saciamos, y de cada pan con que nos alimentamos, y de cada cosa que hagamos con las cosas que otros antes han hecho, hay un trabajo y un trabajador, un esfuerzo y una dificultad, una voluntad y una superación, y en definitiva, la vida y la entrega de muchos a quienes agradecer.

Para actuar

Y la fuente más universal y próxima del hombre que recordar y agradecer es la fuente de la paternidad y la maternidad. Por eso, siguiendo el consejo de San Ambrosio sobre el cuarto mandamiento: «Honra a tu padre y a tu madre. Este honor se les hace no solo por el respeto, sino también por la asistencia: porque es un honor reconocer sus beneficios. Alimenta a tu padre, alimenta a tu madre; que aunque así lo hagas, no habrás pagado los trabajos y los dolores que tu madre ha padecido por ti. Le debes lo que tienes a tu padre, y a tu madre lo que eres».

Para soñar

Tan importante es la intención y el propósito de nuestras acciones, que mirar atrás para recordar el mal recibido es rencor; y en cambio, si es para recordar el bien regalado, es gratitud. Y ya sabemos como el rencor destruye, no solo al que lo tiene, sino a toda la comunidad. Y como, en cambio, el agradecimiento construye para bien de todos.

81

Cuando bebas agua, recuerda la fuente.

Proverbio chino

Para pensar

Cuando el amor y la amistad se enfrían, ¿cuántas veces no nos habremos arrepentido de haber callado esa palabra de agradecimiento, o de no haber tenido ese gesto de complacencia? Y cuando alguien muy querido parte de esta vida, ¿cuántas veces no desearíamos echar marcha atrás en el tiempo y decirle las cosas que nunca le dijimos, o al menos, una sola, que casi siempre será «gracias»?

Para actuar

No basta con querer ayudar, hay que ponerse manos a la obra y servir. No basta con querer perdonar, hay que tragarse el orgullo, y sin excusas ni explicaciones, pedir perdón. No basta con querer agradecer, hay que prodigarse en hacerlo de verdad, y en este caso, sí que con muchas explanaciones y pormenores, porque el verdadero agradecimiento no es una mera palabra de cortesía.

Para soñar

Si las buenas acciones atraen el agradecimiento de los justos, es la gratitud, como virtud aprendida, vivida, y compartida en una comunidad, la que hace que en esta se multiplique el amor recíproco y la unidad.

82 *El agradecimiento que solo consiste en el deseo, es cosa muerta, como es muerta la fe sin obras.*

Miguel de Cervantes

Para pensar

De quejas y lamentaciones, ciertamente, está lleno el necio y el desagradecido. Necio por creer que todo lo que tiene se lo ha dado a sí mismo, incluido el don de su propia vida. Necio porque por mucho que tenga, siempre le parece poco, siempre ambiciona más. Y necio porque no sabe ni que existe el agradecimiento ni que al menos a alguien tendrá que estar agradecido por algo.

Para actuar

Existe —dice Orígenes— «una deuda respecto a los ciudadanos y, asimismo, una deuda común para con todos los hombres; una deuda para con los huéspedes y otra para con las personas de edad; otra en fin, para con algunos a los que es justo honrar como a hijos o hermanos. Así pues, quien no hace lo que se debe cumplir con el hermano, queda deudor de lo que ha omitido».

Para soñar

Nadie da lo que no tiene, y quien no tiene contento por lo que tenga, poco o mucho, tampoco tiene gratitud. En cambio, todo lo da quien todo lo tiene, cuando todo lo que en realidad tiene es tan valioso, que no se puede vender ni comprar, solo compartir.

83 *Todo nuestro descontento por aquello de lo que carecemos procede de nuestra falta de gratitud por lo que tenemos.*

Daniel Defoe

Para pensar

Evidente y elemental constatación de una contradicción, que no es otra que la del choque entre una cultura pagana de las actitudes más profundas, con una cultura religiosa de tradiciones externas. En todo caso, la posibilidad de darle —nunca mejor dicho— la vuelta al calcetín está al alcance de todos, aunque comporta toda una conversión.

Para actuar

«Mal procede —dice Santo Tomás— quien se llena de soberbia a causa de su riqueza y no reconoce haber recibido de Dios todo lo que tiene, puesto que todos nuestros bienes, espirituales o temporales, de Dios son».

Para soñar

El agradecimiento a Dios es origen de una comunión de bienes jamás soñada, porque, como dice Clemente de Alejandría: «Él nos da, por un poco de fe, la tierra inmensa, para cultivarla, agua para beber y agua para navegar; el aire para respirar, el fuego para trabajar, el mundo para habitar... Si los bienes de los amigos son comunes y si el hombre es amigo de Dios, todo se hace propiedad del hombre, pues todo pertenece a Dios».

84

Siendo niños éramos agradecidos con los que nos llenaban los calcetines por Navidad. ¿Por qué no agradecíamos a Dios que llenara nuestros calcetines con nuestros pies?

Gilbert Keith Chesterton

Para pensar

Entre otras cosas porque, como dice Stefan Zweig, «la gratitud nos hace felices porque son raras las ocasiones en que se nos hace visible». Pero no solo por eso, sino porque es un reconocimiento de la gratuidad con la que generalmente el hombre bueno hace las cosas, incluso, al menos en el modo de urdirlas, cuando está obligado a hacerlas por oficio o por responsabilidad.

Para actuar

En todo caso, ser agradecido es una condición de la justicia, en cuanto que, como decía Sócrates, «cada uno de nosotros solo será justo en la medida en que haga lo que le corresponde», y al agraciado le corresponde ser agradecido.

Para soñar

Una comunidad social en la que todo se mida por el límite de la justicia, aunque parezca contradictorio, será una sociedad llena de injusticias, o al menos, de denuncia de injusticias. En cambio, una sociedad en la que se extienda la costumbre de la gratuidad, será una sociedad no solo más justa, sino mucho más agradecida.

85

Es tan grande el placer que se experimenta al encontrar un hombre agradecido que vale la pena arriesgarse a no ser un ingrato.

Séneca

Para pensar

Si de los que son como niños es el reino de los cielos (Mt. 18, 3), es porque el niño —y el que se hace como él— lo espera todo, y fruto de esa inmensa confianza en quien lo ama, no conociendo el desafecto, lo agradece todo, y no conociendo el temor, está alegre.

Para actuar

«¡Nos parece demasiado dedicarle algunos minutos para agradecer los bienes que en todo momento nos concede!», exclama el Santo Cura de Ars, quien, a cambio, nos propone que «no dejemos pasar un solo día sin agradecer tantas gracias como durante nuestra vida nos ha concedido».

Para soñar

Y es la ofrenda también más benéfica para todos, porque la alegría y la caridad son inseparables ya que, como dice Santo Tomás, «el amor produce en el hombre la perfecta alegría. En efecto, solo disfruta de veras el que vive en la caridad».

86
La ofrenda más aceptable por Dios mismo proviene de un corazón agradecido y lleno de alegría.

Plutarco

Para pensar

«Pedid y se os dará, buscad y hallaréis, llamad y se os abrirá. Porque quien pide recibe, el que busca halla, y al que llama se le abrirá», promete el Hijo de Dios. A él le podemos pedir con confianza, le podemos buscar con el deseo de encontrarlo, y hasta podemos llamar a su puerta, para entrar en comunión con Él. Si nos atrevemos a esto último, ¿qué más necesitamos que vayamos a pedir? ¿Y por qué seguir buscando a quien ya nos ha encontrado? Solo nos queda una cosa, el abrazo de la infinita gratitud por habernos recibido en su casa y estar con él.

Para actuar

«Ninguno hay, por mucho que reflexione —dice San Bernardo—, que no halle fácilmente en sí mismo poderosos motivos que le obliguen a mostrarse agradecido a Dios». Si el agradecimiento a los que hagan algo por ti cada día es vivido por ellos y por ti como el agradecimiento entre hermanos, el agradecimiento a Dios es vivido por Él y por ti como lo que es, un agradecimiento de hijo a Padre.

Para soñar

Hay para quien, como Chiara Lubich, esta oración de gratitud inunda toda la vida: «Te quiero porque has entrado en mi vida más que el aire en mis pulmones, más que la sangre en mis venas. Has entrado donde nadie podía entrar, cuando nadie podía ayudarme, cada vez que ninguno podía consolarme (...) Concédeme estarte agradecida —al menos un poco— por el tiempo que me queda, a este amor que has volcado en mí, y me ha obligado a decirte: te quiero».

87

Si la única oración que dijera en toda la vida fuera ¡Gracias!, bastaría.

Johann Eckhart

Para pensar

Dice San Bernardo algo complementario, que «a quien humildemente se reconoce obligado por los beneficios, con razón se le prometen muchos más. Pues el que se experimenta fiel en lo poco, con justo derecho será constituido sobre lo mucho, así como, por el contrario, se hace indigno de nuevos favores quien es ingrato a los que ha recibido antes».

Para actuar

Buena consideración es la que hace Teófilo a decir que «conviene mucho que el favorecido tenga agradecimiento y dé las gracias, aunque el bienhechor no tenga necesidad de ello».

Para soñar

Aunque hay un tipo de mendigos que sí son agradecidos, los humildes de corazón, que al mendigar amor solo se diferencian del resto no en necesitarlo, sino en reconocerlo. Porque igual como su humildad les lleva a pedir sin vergüenza, les lleva también a agradecer el verdadero don, que no está en lo que se da, sino en el darse.

88

Mendigo como soy, también soy pobre en agradecimientos.

William Shakespeare

Para pensar

El bien nunca es excesivo, como el mal nunca es escaso. Entre ambos, como entre ingratitud y gratitud, no hay término medio que valga. En las virtudes o se es extremo, o no se llega nunca. Además, como decía Miguel de Cervantes, «la virtud más es perseguida por los malos que amada por los buenos».

Para actuar

No te importe excederte en la gratitud, ya que no siempre, como mera palabra que es, compensa el don recibido, y en cambio sí que puede compensar tantas otras ocasiones en las que no hayas sido agradecido.

Para soñar

Casi todas las descripciones de un mundo feliz nos muestran uniformidad, igualdad, equilibrio. ¿Y eso da la felicidad? En cambio, el bien que persigue el corazón humano no puede ser de otro modo que inmenso, inconmensurable, extremo, excesivo.

89

Solo un exceso es recomendable en el mundo: el exceso de gratitud.

Jean De La Bruyère

Para pensar

Porque nos amamos a nosotros mismos por encima de todas las cosas. Si amaramos a los demás como a nosotros mismos, recordaríamos y olvidaríamos por igual nuestros débitos que nuestros activos. Y si amaramos un poquito solo como Dios nos ama, olvidaríamos a nuestros deudores, también de agradecimiento, y no perderíamos ocasión de ser agradecidos, además de que no descansaríamos ni de día ni de noche hasta no poder pagar nuestras deudas.

Para actuar

Al mirar con los ojos de la humildad y del amor, no otra cosa puede venirnos a la mente y al corazón al ver a alguien que nos quiere, que el deseo de mostrarnos agradecidos.

Para soñar

La ausencia de agradecimiento en la vida ordinaria de una sociedad no es solo expresión de una pérdida de urbanidad o de cortesía, o de una extendida falta de educación, sino que es expresión de una cultura de la autosuficiencia. Una sociedad es sana, en cambio, en la medida en que crece la cultura de la gratuidad y la cultura de la gratitud, inseparablemente unidas. Porque el grato, además de agradecido, no puede prodigar otra cosa que gratitud.

90

Si nos encontramos a alguien que nos debe agradecimiento, enseguida lo recordamos. ¡Cuántas veces nos encontramos con alguien al que debemos agradecimiento y no pensamos en ello!

Johann Wolfgang von Goethe

Para pensar

Porque el fin del perdón es acoger al perdonado en el corazón como una nueva criatura, y la memoria de quien fue antes solo sirve para debilitar este reconocimiento.

Para actuar

No digas nunca «perdono pero no olvido». Si no tienes fuerza para decir «perdono», di que quisieras perdonar, que intentas perdonar, que pides poder perdonar. Esta debilidad es fuente de riqueza, porque debería conmover el corazón del perdonando, y desde luego conmueve el corazón de Aquel que es el único capaz de perdonar al cien por cien.

Para soñar

No esperemos un mundo perfecto en el que no fuese necesario el perdón, ni pedirlo, ni concederlo. Sería un mundo inhumano. Esperemos un mundo en el que la fuerza imparable del perdón convierta muchos corazones de piedra en corazones de carne.

91

«Puedo perdonar, pero no olvidar» es solo otra forma de decir: «No puedo perdonar».

Henry Ward Beecher

Para pensar

El arma del perdón es la más invencible. No puede ni quiere matar el cuerpo del hostil, pero sí puede conseguir, aun sin pretenderlo porque sino sería un perdón interesado, matar solo el mal de su alma. Y no pocas veces lo consigue.

Para actuar

Ningún mal queda en balde. Pero como no nos toca a nosotros dirimir el juicio definitivo, solo nos queda el perdón. Perdona y siempre vencerás: a veces en el momento, si lo derribas con tu gesto, y otras en un día que no lo sabrás, ni necesitas saberlo.

Para soñar

Si los contrincantes conociesen la potencia inmensa del arma del perdón, además de ahorrarnos en armamento lo que los pueblos necesitan para comer, descubrirían que no hay nada más, no ya disuasorio, sino apaciguador y componedor.

92

Perdona siempre a tu enemigo. No hay nada que le enfurezca más.

Oscar Wilde

Para pensar

Es verdad que para una virtud tan grande, la de la indulgencia, hacen falta no pocos arrestos, no poca valentía, no poca altura moral. En todo caso, la llamada del perdón es tan humana, que hasta el hombre más mezquino es capaz de sorprendernos con el perdón.

Para actuar

Con todo, la capacidad de perdón no se improvisa. No sabemos cuando la providencia nos va a poner en la tesitura de perdonar, más allá de las ocasiones diarias y pequeñas. En cambio, tanto el ejercitarse con la prontitud y la sencillez de perdonar en estas ocasiones, como en el ejercitarse de todas y cada una de las virtudes, es preparación y aprendizaje para el indulgente.

Para soñar

Mientras en nuestras sociedades, herederas de una cultura evangélica del perdón aún por arraigar después de veinte siglos, se siga identificando la indulgencia con la cobardía en lugar de con la valentía, quiere decirse que no solo hacen falta héroes del perdón, como lo son todos los mártires de nuestro tiempo, sino difundir una visión muy distinta de la vida, de la dignidad, del honor, del amor, en definitiva, una cultura nueva del perdón y de la misericordia.

93

Solamente aquellos espíritus verdaderamente valerosos saben la manera de perdonar. Un ser vil no perdona nunca porque no está en su naturaleza.

Laurence Sterne

Para pensar

Y es que el perdón es la más certera prueba del amor, su más alta expresión, y su más osado y denodado movimiento para preservar el bien y la paz.

Para actuar

Ya sea que no terminas de entender la grandeza de esta virtud, ya sea que no terminas de creerte capaz de vivirla, no debes preocuparte. Preocúpate, o mejor, ocúpate, en amar, y solo en amar. Porque si aprendes la senda del amor, llegarás a la meta del perdón.

Para soñar

Cada familia, cada aula, cada iglesia, cada hospital, cada asociación, cada lugar donde se aprenda a querer y a ser querido es, sin saberlo ni pretenderlo, escuela para perdonar.

94 *Se perdona mientras se ama.*

François de La Rochefoucauld

Para pensar

Si se ha vencido por justicia, y se ha perdonado por misericordia, la justicia habrá sido completa, porque sin la misericordia es raquítica y cicatera.

Para actuar

También el que es vencido está llamado a perdonar en su corazón al vencedor. Y, en todo caso, el perdón mejor es el que ha conseguido previamente que no haya ni vencido ni vencedor, porque ha conseguido y prevenido la paz.

Para soñar

Para derribar el puente que une la victoria a la venganza, solo sirve la munición del perdón. Hubiese bastado un poco de perdón, y bastaría en el futuro, para que los conflictos terminasen en una paz verdadera y duradera, y no con heridas abiertas que nunca cicatrizan.

95

Vencer y perdonar es vencer dos veces.

Pedro Calderón de la Barca

Para pensar

La ignominia causada por el amigo es, casi siempre, traición. Y la traición es más difícil de perdonar que la confrontación. Pero que sea más difícil no quiere decir que sea imposible. A más impedimento, más virtuoso será el perdón.

Para actuar

Aunque curada la herida de la traición, el perdón del amigo es inicio de una amistad mucho más sólida y duradera. Es más, sin necesidad de que medie ninguna traición, sino solo la ofensa o el daño, no hay amistad verdadera que no haya pasado, de un modo o de otro, por la prueba del perdón.

Para sonar

El perdón con mayúsculas, al final, persigue un estilo de vida en el que podrá haber agraviados y ofendidos, adversarios y rivales, pero nunca enemigos.

96

Es más fácil perdonar a un enemigo que a un amigo.

William Blake

Para pensar

Hasta el punto de que, como el mismo San Gregorio exclama: «¡Qué grande es la misericordia de nuestro Creador! No somos ni siervos dignos y nos llama amigos. ¡Qué grande es la dignidad del hombre al ser amigo de Dios!».

Para actuar

Y en otra ocasión nos increpa: «No perdamos este tiempo de misericordia que nos ofrece, no menospreciemos los remedios de tanta piedad que el Señor nos brinda. Su benignidad llama a los extraviados, y nos prepara, cuando volvamos a Él, el seno de su clemencia».

Para soñar

«¿Dónde me esconderé de Dios?», pregunta San Agustín, y responde: «Nadie puede huir de Dios más que refugiándose en su misericordia». ¿Dónde se esconderán los que le abandonan? ¡Qué bueno saber que, aunque ellos no lo sepan, están también en su misericordia!

97 *La suprema misericordia no nos abandona aunque la abandonemos.*

San Gregorio I Magno

Para pensar

Recuerda el pasaje evangélico en el que se le acercó Pedro a Jesús y le preguntó: «Señor, ¿cuántas veces he de perdonar a mi hermano si peca contra mí? ¿Hasta siete veces?». Y Jesús le dijo: «No digo hasta siete veces, sino hasta setenta veces siete» (Mt. 18, 21-22).

Para actuar

«No encerró el Señor —dice San Juan Crisóstomo hablando de esta respuesta de Jesús— el perdón en un número determinado, sino que dio a entender que hay que perdonar con prontitud y siempre».

Para soñar

¿Acaso nos ha puesto alguien —quién sino Él podría hacerlo— un límite, una fecha, una cifra, para que realicemos la justicia completa de este mundo, quitándonos la oportunidad de hacer algo para conseguirla?

98

Cada día hemos de pedir perdón, porque cada día hemos ofendido.

San Agustín

Para pensar

Bendice al Creador y Salvador, porque «dice bien» de Él, en cuanto dice verdad de cómo es su amor. Nos bendice a nosotros, porque tras recuperarnos para el bien, ya puede decir el bien de nosotros que nos ha concedido.

Para actuar

No hay mayor bendición que la del mutuo perdón, como el invocado por San Pablo: «Alejad de vosotros toda amargura, arrebato, cólera, gritería, blasfemia, y toda malignidad. Sed más bien unos para otros bondadosos, compasivos y perdonaos los unos a los otros, como Dios os ha perdonado en Cristo» (Ef. 4, 31-32).

Para soñar

Si con el cambio de las estaciones la naturaleza muda año tras año, con cuánta más naturalidad y normalidad deberíamos acoger en la vida la llegada de un tiempo de misericordia y perdón, para recibirlo de lo alto, y para prodigarlo a los demás.

99

El perdón cae como lluvia suave desde el cielo a la tierra. Es dos veces bendito; bendice al que lo da y al que lo recibe.

William Shakespeare

Para pensar

Como dice Cesáreo de Arlés, «existe una misericordia terrena y humana, otra celestial y divina. ¿Cuál es la misericordia humana? La que consiste en atender a las miserias de los pobres. ¿Cuál es la misericordia divina? Sin duda, la que consiste en el perdón de los pecados. Todo lo que da la misericordia humana en este tiempo de peregrinación se lo devuelve después la misericordia divina en la patria definitiva».

Para actuar

Y nada es más importante para él. Por eso Jesús nos dice: «Si al tiempo de presentar tu ofrenda ante el altar, allí te acuerdas de que tu hermano tiene alguna queja contra ti, deja tu ofrenda ante el altar y ve primero a reconciliarte con tu hermano» (Mt. 5, 23-24).

Para soñar

Si es sobre todo en esto, en la misericordia, en lo que hemos sido creados a su imagen y semejanza, quiere decir que todo, naturaleza e historia, guardan un único secreto que los explica y los desafía: la misericordia también.

100

Nada nos asemeja tanto a Dios como estar siempre dispuestos a perdonar.

San Juan Crisóstomo

Índice onomástico